대학생을 위한

教養 漢文

교양한문

임영택 지음

신아사

임영택

단국대학교 중어중문학과 학사
베이징대학 중국언어문학과 석사
베이징대학 중국언어문학과 박사 (근대중국어 문법 전공)
서울디지털대학교 중국학부 교수 역임
現 서울신학대학교 중국어과 교수

대학생을 위한 교양한문

초판 1쇄 발행 _ 2019년 8월 30일
2쇄 발행 _ 2020년 9월 7일

저 자 · 임 영 택
발행인 · 정 현 걸
발 행 · 신 아 사
인 쇄 · 한승인쇄
주 소 · 서울특별시 은평구 통일로 59길 4 (2F)
전 화 · (02) 382-6411 팩스 · (02) 382-6401
홈페이지 · www.shinasa.co.kr
E-mail · shinasa@daum.net
출판등록 · 1956년 1월 5일 (제 9-52호)

ISBN 978-89-8396-358-1 (93720)

정가 17,000원

序文

본서의 제목을 '교양한자(教養漢字)'로 정할 것인지 '교양한문(教養漢文)'으로 할 것인지 무척 고민했었다. '한자(漢字)'는 문자로서의 개념을 말하며, '한문(漢文)'이란 한자를 통해 구현된 선인(先人)들 언어생활의 결정체를 뜻하기 때문이다. 교양한자라 제목을 붙이기에는 본 과목의 과목명과는 정확히 일치하나, 문자(文字)만의 학습을 의미하게 되어 초중등 어린이들이 단순히 한자 학습을 하는 개념 밖에 표현할 수 없으므로 적절치 못하며, 한문이라 표현하기에는 한자 관련 기초 내용이 본서의 상당 분량을 차지하기 때문에 적절치 못하다 여겼다. 그러나 결국 제목은 '교양한문'으로 결정하게 되었는데, 한자는 언어생활의 도구인 문자로서 종국에는 이것으로 한자어(漢字語)나 사자성어(四字成語), 그리고 한문(漢文) 문장이 만들어지고 이를 통하여 시대를 초월한 의사소통의 중요한 도구로 활용되기 때문이다.

주지(周知)하듯이 현재 우리가 사용하는 한국어 어휘의 80% 정도는 한자어로 구성되어 있다. 과거 한 때 한글전용교육(專用教育)의 실시로 인해 언론매체나 각종 교양서적에서 한자가 사라진 후로 전국민이 '한자맹(漢字盲)'이 될 뻔한 적이 있었으나, 한자를 배격함으로 인해 실제 언어생활에 상당한 불편이 발생함을 깨닫고는 이내 정책의 전환이 이루어진 점은 대단히 다행스런 일이라 할 수 있다. 이 지면을 통해 한글전용이냐 국한문 혼용이냐를 가지고 논쟁을 벌일 마음은 없다. 다만, 중국어를 전공한 언어학자의 입장에서 굳이 한글전용을 고집할 이유가 무엇인가에 대해서는 오랜 동안 많은 고민을 해왔던 것이 사실이다. 생활 도처에서 발견되는 불편함을 감수하면서까지 한글전용만을 주장할 필요가 있을까라는 생각에는 변함이 없다.

우리 한국인은 전세계 최고의 과학적이고 체계적인 문자인 '한글'을 가지고 있다. 이는 누구나 배우고 사용하기 쉬운 문자체계로서 온 민족의 얼이 서려있는 참으로 소중한 문자라 할 수 있다. 그러나 한편으로 우리 민족이 수천 년간 사용해 온 한자 또한 유구한 역사기간 동안 이 땅의 선조들이 향유했던 우리의 특별한 문자라 아니할 수 없다. 한자를 배척하고는 우리의 언어생활이 상당한 혼란에 빠짐은 오랜 동안 경험의 축적을 통해 익히 알고 있는 바이다. 오늘날 남녀노소를 불문하고 어느 누구나 한자교육의 중요성을 새삼 깨닫고는 있으나, 보다 친숙한 문자로서의 접근은 매우 요원한 실정이다. 태어나 부모님으로부터 지음 받은 자신의 한자 이름을 정확히 써낼 수 있는 대학생이 그리 많지 않은 실정이며, 초면(初面)에 주고 받는 명함에서도 한자 이름이 사라진 지 오래 되었다. 이는 한글 이름의 중요성을 깨달아서라기 보다는 한자의 난해함을 구실로 소중한 의미가 담겨진 자신의 한자 이름을 의도적으로 배격하려 하는 단편적 사고(思考)의 습성에 기인한 것이라 볼 수 있다. 90년대 초반 중국과의 수교 이후, 그들과의 소통을 위해서라도 한자교육을 중시해야 한다는 명분은 다소 초라한 우리의 모습이 투영되는 것같아 우울해진다. 이런 궁색한 구실을 이야기하기 보다는, 실제 우리 언어생활의 편리함을 추구하는 차원에서도 한자교육의 중요성을 강조하는 것은 모자라지 않을 듯하다.

우리에게는 아름답고 소중한 순수 우리말을 마땅히 잘 가꾸고 보존하여 후대에 계승할 막중한 책임이 있다. 그러나 기나긴 세월 동안 써왔던 한자어도 우리 언어생활의 일부분임을 절대 부인해서는 안 될 것이다. 더구나 이것이 언어생활의 편리성과 경제성을 도모할 수 있다면 두 말할 나위가 없는 일일 것이다. 한자어 어휘의 사용을 막기보다는 무분별하게 범람하는 외래어의 사용을 규제하거나 청소년들을 중심으로 급격히 번져가는 언어 파괴현상을 막으려는 노력이 현재로선 더욱 절실한 문제가 아닐 수 없다. 한편, 일정 정도의 우리말 순화운동은 우리말 사랑과 보존의 차원에서 반드시 필요한 일이다. 그러나 우리말의 상당수를 차지하는 한자어를 우리말로 전환하여 별다른 불편 없이 사용하려면, 이들 한자어에 대한 선행학습이 반드시 필요하다. 한자어에 대한 기초학습이 수반되지 않는다면 우리의 언어생활은 반드시 일정한 불편을 초래하기 마련이며, 심지어는 의사소통에 장애가 발생하여 소통에 불편을 겪게 됨은 여러 경험을 통해 익히 깨달아 온 바이다.

대학의 교양교육은 대학교육의 이념과 목표에 따라 결정되며, 시대와 환경의 변화에 대응하는 전인적(全人的) 인격 형성의 기초가 되는 소중한 교육과정이다. 특히 대학에서의 인문학(人文學) 교육이 새롭게 주목받고 있는 21세기의 당면한 교육현장에서 금번 '교양한자' 과목이 우리대학의 교양필수과목으로 채택된 것은 무척 반가운 일이 아닐 수 없다. 모든 학문의 근간이 되는 인문학을 공부하기 위해서는 한자 학습이 필수불가결한 요소임에 의심의 여지가 없다. 최근 서양철학에서 한계를 느낀 많은 학자들이 동양의 고전(古典)으로 눈을 돌리고 있는 현실이 이를 잘 반증해준다. 선현(先賢)들의 심오한 철학과 사유체계가 살아 숨쉬는 고전들은 수천 년의 세월을 넘나들며 오늘도 우리 자신을 대오각성(大悟覺醒)시키는 큰 가르침이 되고 있다. 선인들의 숨결을 오늘에 다시 느끼고, 우수한 전통문화를 계승 발전시키며, 이를 통해 우리는 사고의 지평을 넓혀 가기 위한 노력을 꾸준히 경주해야 할 것이며, 이런 점에서 한자학습은 반드시 선결 조건이 될 것이다.

1986년 대학시험에 낙방(落榜)하고 재수(再修)하던 시절, 이미 대학에 진학했던 여자친구의 교양서적(教養書籍) 교재에 일일이 한자음(漢字音)을 달아주던 기억이 새롭게 떠오른다. 당시까지만 해도 정도의 차이는 있지만 대학의 모든 교양서적은 국한문혼용(國漢文混用)이었다. 어린 시절부터 일간신문을 열심히 읽으며 한자를 익혔던 덕분에 여자친구의 서적에 한자음을 능숙하게 달아주고는 밥 꽤나 얻어 먹었던 기억이 있다. 한자로 인해 친근해졌던 그 때의 여자친구가 지금은 나를 보필해주는 사랑스런 아내가 되어 있다. 그러므로 한자는 나에게 개인적으로 꽤 고마운 존재가 아닐 수 없다. 대학 졸업 후 아내와 함께 중국에서 유학을 했고, 고대중국어(古代中國語) 문법(文法)을 전공하여 지금 강단에 서 있으니, 한자는 나에게 참으로 각별한 존재라 할 것이다. 교양한자 강의를 담당하면서 앞으로 만나게 될 학생들을 생각하면 먼저 가슴이 설레인다. 본서를 엮어가며 보다 철저한 준비로 학생들에게 좋은 강의를 해보겠노라고 다시 한 번 굳게 다짐을 해본다.

본서는 한문을 배우기 위한 기초과정으로 제1장 '한자의 이해'를 통해 한자(漢字)의 기원(起源), 구조(構造), 부수(部首), 필획(筆劃), 필순(筆順), 자형(字形) 등에 대해 학습하고, 실생활에서 혼동하기 쉬운 여러 한자와 한자어 읽기에 대한 학습을 구성하였다. 또한 한자어의 장단음(長短音) 문제에 대해서도 다루었고, 사자성어(四字成語)를 통하여 한자어의 구성원리와

이의 활용에 대해서도 살펴보았으며, 기초학습 단계를 지나 제2장에서는 한국과 중국의 시가(詩歌)와 산문(散文)에 대한 독해(讀解篇)편으로 구성하였다. 제3장에서는 오래 전 교육부가 지정한 교육용한자(敎育用漢字) 1,800자를 배치하여 현대 한국인의 언어생활에서 꼭 필요한 필수한자를 학습할 수 있도록 구성하였다.

아무튼 본서를 통하여 학습자들이 한자에 대한 흥미를 가질 수 있기 바라며, 선인들의 지혜가 살아 숨쉬는 인문학 공부에 심취할 수 있기를 기대해본다. 제현(諸賢)들의 성공을 기원하는 바이다.

己亥年 盛夏 聖柱山 기슭에서

編者識

目次

Ⅰ. 한자(漢字)의 이해

Ⅱ. 한문(漢文) 독해

I. 한자漢字의 이해

1. 우리에게 한자(漢字)란?

문자(文字)는 말과 생각을 기록하는 시각적 부호체계이다. 또한 사상을 교류하는 데에 필수적 도구인 언어에 보조적인 역할을 담당하면서 언어를 시간적, 공간적으로 멀리 전달하는 기능을 가지고 있다. 언어는 전세계 어느 민족을 막론하고 모두 보유하고 있지만, 문자는 일부 민족에게만 국한하여 존재한다. 따라서 문자는 특정 사회의 문화적 성숙도를 나타내는 주요 지표로서 선조들의 축적된 문화를 후세에 전달하는 중요한 도구로 사용되고 있다. 문자가 탄생되기 이전의 인류는 단지 말로써 교류를 진행하고 기억을 통해서만 정보를 후대에 전달하였다. 그러나 기억이란 시간과 공간의 제약을 받을 수밖에 없는 임시적인 것이어서 지식과 정보를 오래도록 정확히 전달해 줄 수 없는 단점을 가지고 있었다. 따라서 인류는 생존과 발전의 과정을 거치면서 오랜 시간의 노력을 통해 문자라는 도구를 만들어내게 된 것이고, 이는 인류문화 발전사상 최초이자 최대의 혁명으로 기록될 수 있는 중대한 사건이며, 문자의 발명을 통해 인류는 영장류로서 최고 번영의 길을 걷게 되었다.

한자(漢字)는 오늘날 주로 중국인의 언어를 기록하는 부호시스템으로 알려져 있지만, 동시에 한자문화권(漢字文化圈)의 문화와 역사를 기록하고 후세에 전달하는 기능을 담당하는 인류의 소중한 문화유산 가운데 하나라고 할 수 있다. 한자는 또한 세상에서 가장 오래된 고문자 중의 하나로서, 메소포타미아의 설형문자(楔形文字), 고대 이집트의 신성문자(神聖文字), 남미 마야문명의 마야문자 등이 모두 오래 전 사문자(死文字)가 되어버렸지만, 한자는 현재까지도 한자문화권 내의 사람들이 활발하게 사용하고 있는 유일한 문자이다. 3,300여 년 전의 갑골문자(甲骨文字)에서부터 비롯된 한자는 현대의 중국어 문자나 한국 한자, 일본 한자에 이르기까지 형태나 독음, 의미 등에서 어느 정도 변화가 발생하긴 했지만, 기본적으로 본래의 성질과 특성을 그대로 유지하고 있다고 볼 수 있다. 현대인들이 수천 년 전의 고문(古文)을 보아도 문법적 특징을 배제한 문자상의 해독에는 그다지 큰 어려움을 겪지 않음을 보면 이런 특성을 잘 이해할 수 있을 것이다.

한자는 보통 표의문자(表意文字)로 분류한다. 표의문자라는 것은 원칙적으로 하나의 문자가 한 가지 이상의 고유한 의미를 가지고 있다는 뜻이다. 이에 반해 한글은 표음문자(表音文字)로 분류된다. 소리만 있을 뿐 의미가 없는 자모들이 모여 어떤 일정한 의미를 가진 말을 만들어내는 것이다. 한자는 표의문자이기 때문에 온세상의 여러 가지 사물과 관념을 모두 표현하려다 보니 자연히 자수(字數)가 급격히 늘어나게 되었다. 또한 한정된 필획으로 많은 글자를 표현하려다 보니 글자의 모양도 자연스럽게 복잡해졌으며, 이로 인해 많은 사람들이 한자는 학습하기가 매우 어려운 문자라고 인식하고 있다. 자형(字形)의 복잡함과 자수(字數)의 과다로 인해 교학(教學)에 어려움은 있지만, 상용한자(常用漢字)만 익혀버리면 상대적으로 경제적인 언어생활을 누릴 수 있는 특징도 가지고 있다. 고유 의미를 가진 소수의 글자로 다양한 사물과 생각을 표현해낼 수 있으며, 표현하고자 하는 뜻글자들의 조합을 통해 다량의 새로운 어휘들을 무한정 만들어낼 수 있기 때문이다.

해방후 1980년대 후반까지도 우리나라에서는 한자폐지운동 내지는 한글전용(專用)교육이 본격적으로 대두되었으나 이후 표음문자인 한글만을 통해서는 우리의 언어생활이 상당부분 불편해질 수밖에 없음을 깨닫게 되었다. 따라서 최근에는 다시 각급 학교를 통해 한자교육의 중요성이 부각되고 있는 실정이며, 특히 인문교육(人文教育)의 중요성을 재삼 인식하게된 최근의 우리나라 교육계는 한자교육의 필요성을 다시 한 번 깊이 절감하고 있다. 그러나 반면으로는 수많은 젊은이들이 한자학습의 중요성을 그다지 인식하지 못하고 있으며, 학습과 사용상의 어려움을 구실로 의도적으로 경원시(敬遠視)하고 있는 실정이다. 과거 활발하게 이루어졌던 한글전용과 국한문혼용(國漢文混用)의 치열한 논쟁은 차치하고, 당장의 언어생활의 불편함을 해소하는 차원에서도 한자교육은 반드시 필요한 우리들의 과제요 의무라고 말할 수 있다.

우리는 흔히 '한자는 중국인들의 문자다'라고만 생각하고 있다. 이 명제를 '거짓'이라고 말하기는 어렵지만, 또한 완전한 '참'이라고 말하기도 곤란하다. 왜냐하면 유구한 역사시기 동안 동북아의 한 중 일은 물론 동남아시아의 몇몇 민족에 이르기까지 여러 국가와 민족이 동일한 한자문화권 내에서 문자생활을 해왔기 때문이다. 특히 한국은 아시아 대륙 동쪽 끝 반도에 위치하면서 기원전 수천 년 전부터 이루어진 한자 탄생의 과정에 일정 부분 기여했을 것으로 충분히 추정해 볼 수 있기 때문이다. 한무제(漢武帝)가 B.C. 108년에 한사군(漢四郡)을 설치한 이후 한반도 지역에 한자가 대거 유입된 것으로 알려져 있지만, 그보다 몇 천 년 전부터 이 지역에 넓게 혼재해 살고 있던 우리민족은 과연 어떻게 문자생활을 하며 상호간 의사소통을 했을까 하는 의문이 생긴다. 우리민족은 당연히 한자를 소통의 도구로 사용했을 것이며, 더구나 당시 여러 국가간 경계의 개념조차 명확하지 않았던 시기에 '한자'라는 부호체계가 탄생하고 변화, 발전하는 과정에 일정한 영향을 끼쳤으리라는 점은 쉽게 추론해 볼 수 있는 것이다.

한자를 부정하는 것은 우리 선대(先代)의 역사를 부정하는 것이라 말할 수 있다. 한자를 부정한다면 훈민정음 창제 이전까지 우리의 선조들이 수천 년간 사용해왔던 문자생활의 역사를 모두 부정하는 셈이다. 우리의 조상들은 유구한 역사기간을 통해 한자를 우리의 문자로서 사용해왔다. 우리는 세계 최고의 과학적 문자인 한글의 독창성과 우수성을 늘 가슴 깊이 자랑으로 여기고 사랑하며 사용해오고 있지만, 그 이전 오랜 시간 우리 자신의 몸처럼 사용해왔던 한자도 감히 우리 문자의 일부분이었음을 부정할 수는 없는 것이다. 세상에서 가장 우수한 문자인 '한글'을 창조했던 우리민족은 동아시아가 오랜 시간 함께 공유했던 한자의 생성과정에도 일정 부분 기여하였으며, 이로써 문자 제작에 관한 참으로 우수한 자질과 특성을 가진 문자 창제국의 백성으로 자부하여도 무방하다 할 것이다. 비록 인접 국가의 문자이지만 우리 것처럼 자연스럽게 사용해왔던 한자와 세계 최고의 과학적 문자인 한글을 동시에 사랑할 수 있어야 할 것이다. 이는 특히 실용적인 측면에서도 우리민족 언어생활의 편의성을 도모하는 데에 반드시 필요한 부분이라 할 수 있다. 현재 우리말에서 한자어휘가 차지하는 비중은 최소 70%에 이르며, 일상어휘에서도 약 25%의 어휘가 한자어에 해당되고 있다. 이 수많은 어휘들을 모두 순수 한글로 바꾸어 쓸 수는 있겠지만, 언어란 자연적으로 경제성의 원리에 입각해 생성, 변화, 발전하는 특성을 가지고 있음을 고려해 볼 때 굳이 심각한 불편을 감수하면서까지 한글전용을 주장할 필요는 없을 것이다. 이는 한글전용교육을 통해 드러난 여러 가지 문제점을 통해서도 익히 알 수 있는 사실인 것이다. 한글전용의 무모함으로 우리의 언어생활을 굳이 불편하게 만들 필요는 없을 것이며, 언어 사용의 편리성과 실용성, 표현의 다양성 등을 고려하여 한자교육을 좀 더 철저히 시킬 필요성이 있다.

오늘날 한국에서 발행되는 거의 대부분의 일간신문과 잡지 등 간행물들은 한자를 사용하지 않고 있다. 심지어는 대학의 각종 교재에서도 한자는 사라진 지 이미 십 수 년이 되었다. 혹자는 한자가 사라져도 의사소통에는 별 문제가 없지 않느냐고 말할 것이지만, 실상은 그렇지 않음을 알 수 있다. 각종 인쇄물에서는 한자가 거의 사라졌지만, 우리들이 사용하는 입말에서조차 배제하지는 못했으며, 더구나 이로 인해 초래되는 여러 가지 의사소통의 불편함은 여전히 잔존하고 있다. 낱글자와 개별 어휘가 함축하고 있는 의미 신장(伸張)의 다양성과 변화무쌍함 그리고 무한한 조어력(造語力)은 한자가 가지고 있는 고유의 장점들이다. 또한 이의 습득을 기반으로 한 학문적 발전의 가능성도 무궁무진하지만, 이를 등한시한 채 강행되어왔던 기존의 교육은 우리 시대 교육의 전체적인 질 저하현상을 초래하게 되었으며, 사고의 깊이와 창의정신에까지 심각한 훼손을 가하게 된 지경에 이르게 되었다.

한글과 더불어 한자는 우리민족이 오래도록 사용해왔던 문자이다. 더 이상의 논쟁이 의미를 갖지 못 할만큼 이제는 누구나 한자교육의 중요성을 인식하고 있다. 유치원에서부터 초중등, 고등학교에 이르기까지 한자교육의 중요성이 대두되고 있다. 특히 대학에서의 한자교육은 인문학적 소양을 갖추기 위한 기초과정이기에 거의 모든 대학들이 교양과정을 통해 실시하고 있다. 한자를 멀리했던 기존 교육의 틀을 깨고 새로운 학문의 진취적 탐구와 외연의 확장을 위한 필수불가결의 도구로 한자가 사용될 것이다. 21세기 글로벌시대를 살아가는 우리에게 외국어교육이 반드시 필요하듯, 한자교육 또한 시대를 거스를 수 없는 대세로 우리에게 자리하고 있다.

2. 한자(漢字)의 기원

인류문명의 진화는 문자의 탄생, 발전과 궤를 같이 한다. 중국 및 동아시아의 문명도 한자의 탄생과 발전으로부터 시작하여 새로운 문명사회로의 진입이 가능케 되었다고 할 수 있다. 한자는 동아시아 지역에 분포하던 고대 민족들의 언어를 기록하기 위하여 형성, 변화, 발전된 문자이며, 상형문자(象形文字)로부터 시작하여 변화되어 온 표의문자(表意文字)이다.

유사(有史) 이래로 한자의 탄생과 관련해서는 창힐(倉頡)이라는 사람이 한자를 만들었다는 전설이 대표적으로 이어져 오고 있지만, 이 외에도 몇 가지 기원설이 알려져 있다. 한자의 기원설에 관해 정리하면 아래와 같다.

(1) 복희발명설(伏羲發明說) 혹은 팔괘기원설(八卦起源說)

중국 전설상의 제왕이었던 복희가 팔괘(八卦)를 만들어냈고, 한자는 이 팔괘로부터 고안되어진 것이라는 설이다. 그러나 이 설은 역사적 근거가 빈약하여 여러 학자들로부터 외면당하고 있는 실정이다. 팔괘가 비록 일종의 부호형태를 띄고는 있지만, 그 부호 속에 담겨진 철학적 의미나 구체적 의미는 오랜 동안의 연구를 통해서도 아직 명확히 밝혀지지는 못했기 때문이다. 팔괘의 기본 부호인 '⚊'과 '⚋'는 후대의 갑골문과 금문에 비교했을 때 어떤 상관성을 찾아내기가 매우 어렵기 때문에 상호 긴밀한 연관이 있다고 보기는 어렵다.

(2) 결승기사설(結繩記事說)

끈을 묶어 사건을 기록하는 것은 신농(神農)씨부터 시작되었으며, 따라서 한자는 신농씨가 최초로 창조하였다는 것이다. 줄에 매듭을 지어 의사를 표시하거나 어떤 일을 기록하는 것은 고대에 보편적으로 사용된 소통의 수단이었다. 그러나 이는 어디까지나 문자가 탄생되기 이전의 일이었을 것이며, 전세계 어느 민족에게서나 보편적으로 볼 수 있었던 것이고, 후대에 문자로 발전한 예는 없는 것으로 알려져 있다. 또한 줄의 매듭이란 것이 매우 단순한 형태의 것이었고, 다양한 정보의 교환에는 한계가 있을 수밖에 없기 때문에 이를 문자의 기원으로 보기에는 무리가 있다.

(3) 도화기원설(圖畵起源說)

인류는 원시시대에 동굴의 벽이나 바위에 그림을 그려 자신들의 노동생활이나 사회의 모습들을 표현하였다. 도형이나 그림을 통해 사건을 기록하고 의사를 전달했으므로 문자의 형성, 특히 상형자(象形字)가 만들어지는 데에 중요한 기여를 했을 것으로 추측된다.

(4) 창힐조자설(倉頡造字說)

황제(黃帝)의 사관(史官)이었던 창힐(倉頡)이 만들었다는 것인데, 이는 전설 속의 이야기지만 여러 역사 문헌 속에 기록으로도 남겨져 있어 한 동안 한자의 탄생과 관련한 지배적 이론으로 여겨져 왔었다.

한자를 황제(黃帝)의 사관(史官)인 창힐(倉頡)이 만들었다는 전설은《순자(荀子)》,《여씨춘추(呂氏春秋)》,《한비자(韓非子)》 등에 소개되어져 있으며, 한(漢)나라 회남왕(淮南王) 유안(劉安)의《회남자(淮南子)》에도 창힐이 태어 나면서 새의 발자국을 보고 글자를 창조했다는 기록이 남겨져 있다. 또한 동한(東漢)시대 허신(許愼)의《설문해자(說文解字)》에도 '창힐이 새와 짐승의 발자국을 보고 영감을 얻어, 그것이 사물을 구분할 수 있는 표지가 됨을 알고는 글자를 만들어냈다(黃帝之史倉頡見鳥獸之蹏迒, 知分理之可相別異也, 初造書契)'는 내용이 기록되어져 있다. 전설에 의하면 허신은 외모가 매우 특이하여 용과 같은 얼굴에 빛이 나는 네 개의 눈이 있고, 하늘과 땅의 사리(事理)에 능통하여 짐승과 새의 발자국 형상을 살피고 아름다운 것들을 널리 모아 글자를 만들어냈다고 한다. 천지의 귀신들이 그것을 보고 감동하여 하늘에서는 곡식을 내리고 귀신이 밤에 곡을 했다('昔者倉頡作書而天雨粟, 鬼夜哭')고 전해진다.

그러나 문자란 어느 한 시기에 갑자기 어느 한 사람에 의해 창조될 수는 없을 것이다. 이는 한자의 복잡한 내부 구조와 상상을 초월하는 자수(字數)만 보더라도 익히 짐작이 가능하다. 더구나 당시와 같이 생산과 문화의 수준이 매우 저급했던 원시사회에서 한 개인이 하나의 새로운 문자시스템을 만들어낸다는 사실은 근본적으로 불가능한 일이며, 문자의 탄생에는 상당히 오랜 생성시간과 연마의 과정이 필요하므로 창힐(倉頡) 한 사람으로부터의 한자창제설은 설득력이 매우 떨어진다. 한자의 탄생은 오랫동안 축적된 문화의 구체적 산물이라 할 수 있다. 창힐은 중국 고대에 최초로 문자를 수집하고 정리한 인물로서 보는 것이 타당하며, 문자는 한 개인의 산물이 아니라 인류사회의 집단적 창작이라고 봐야 할 것이다.

보다 과학적인 관점에서 보면, 문자는 고대인(古代人)들의 생산활동과 일상생활에서 창조

된 것이다. 한자의 기원에 관한 도화기원설(圖畵起源說)에서 말했듯이, 출토된 고대 문물에서는 다양한 그림과 문양, 부호들이 출현하는데, 이들은 모두 초기의 한자로 간주된다. 중국의 문자를 신석기시대 황하 중류지역의 앙소문화(仰韶文化)로부터 계산하면 이미 6천여 년의 역사를 가지고 있다고 볼 수 있다. 앙소문화의 대표적 유적지인 서안(西安) 반파촌(半坡村)에서 출토된 도기(陶器)에는 20-30 종의 부호가 새겨져 있는데, 이것이 중국 원시 한자의 최초의 형식으로 여겨지고 있다. 이 문자들은 오랜 발전기를 거쳐 지금으로부터 3천여년 전 상대(商代)에 이르러서는 이미 성숙단계에 진입하여 중국은 이미 상당히 완벽한 문자체계를 갖추었다. 1899년 중국 하남성(河南省) 안양현(安陽縣) 소둔촌(小屯村) 은허(殷墟) 유적지에서는 원시 조상들이 새겼던 갑골문자의 복사(卜辭) 중에서 일식(日蝕), 월식(月蝕), 신성(新星) 등 각종 기상현상에 관한 기술이 발견되었는데, 약 2천여 개의 한자들이 대부분 도형과 그림 형식으로 이루어져 있다. 이렇듯 고대의 출토문물을 통해 우리는 한자가 그림에서 기원했음을 추론할 수 있는데, 고대인들이 생산활동과 일상생활을 영위하는 과정에서 창조한 것이라 볼 수 있다. 창힐은 오랜 동안 사용되어 온 문자들을 사관의 자격으로 민간에서 채집하였을 것이고, 이 문자들을 수집, 정리하여 규범화시켰을 것으로 추정해 볼 수 있다.

순자(荀子)는 "언어와 문자는 약정속성(約定俗成)에 의해 이루어진다"고 했다. 이는 '사물의 명칭이나 사회의 관습이 오랜 세월에 걸쳐 일반화되어 인정된다'는 뜻이다. 이는 한자의 탄생과정을 잘 설명해주는 것으로서 초기의 부호나 그림이 당시 여러 사람들에게서 소통의 수단으로 공유되어 오다가 장구한 세월 동안 자형(字形)의 변천을 거쳐 오늘날의 한자가 되었을 것이다. 이는 문자의 창제가 한 개인의 산물이 아닌 집단적 창작물임을 증명하는 것이라 할 수 있다.

3. 한자의 구조

'육서(六書)'란 한자를 만드는 여섯 가지 방법과 원칙을 말하는데, '六書'의 명칭은 전국(戰國)시기 유가(儒家)학자가 편찬한《周禮·地官·保氏》에 처음 나오며, 후한(後漢)시대 반고(班固)의 한서(漢書 藝文志)에도 언급이 있다. 고대(古代) 여러 학자들이 기존 한자의 자형구조(字形構造)를 분석하여 귀납, 정리한 것이며, 특히 허신(許愼)은《설문해자(說文解字)》를 통해 한자의 형(形)·음(音)·의(義)를 체계적으로 설명하였는데, 한자를 상형(象形), 지사(指事), 회의(會意), 형성(形聲), 전주(轉注), 가차(假借) 여섯 가지로 확립하였다. 이 중 상형, 지사, 회의, 형성은 한자의 모양과 구조를 뜻하며, 전주와 가차는 한자의 사용방식을 나타낸다.

허신(許愼)은 '六書'에 대해 다음과 같이 정의하고 있다.

상형(象形)이란, 사물을 형체에 따라 굴곡지게 그려낸 것이며, '日', '月' 등이 그것이다.

(象形者, 畵成其事, 隨體詰詘, 日月是也.)

지사(指事)는 보아서 알 수 있고 살펴서 그 의미를 알아낼 수 있는 것이니, '上', '下' 등이 그것이다.

(指事者, 視而可識, 察而見意, 上下是也.)

회의(會意)란 여러 부류를 모아 새로운 뜻으로 합한 후 가리키고자 하는 의미를 나타내는 것이니, '武', '信' 등이 그것이다.

(會意者, 比類合誼, 以見指撝, 武信是也.)

형성(形聲)은 사물(상형 · 지사)로써 의미를 나타내고, 예를 취하여 소리를 삼아 합해 만드는 것이니, '江', '河'가 그것이다.

(形聲者, 以事爲名, 取譬相成, 江河是也.)

전주(轉注)는 의미의 종류를 하나의 기준으로 세워서 뜻이 같으면 서로 통용할 수 있으니, '考', '老' 등이 그것이다.

(轉注者, 建類一首, 同意相受, 考老是也.)

가차(假借)는 본래 없는 글자이므로 소리에 근거한 글자를 빌려 사실을 표현하는 것이니, '令', '長' 등이 그것이다.

(假借者, 本無其字, 依聲託事, 令長是也.)

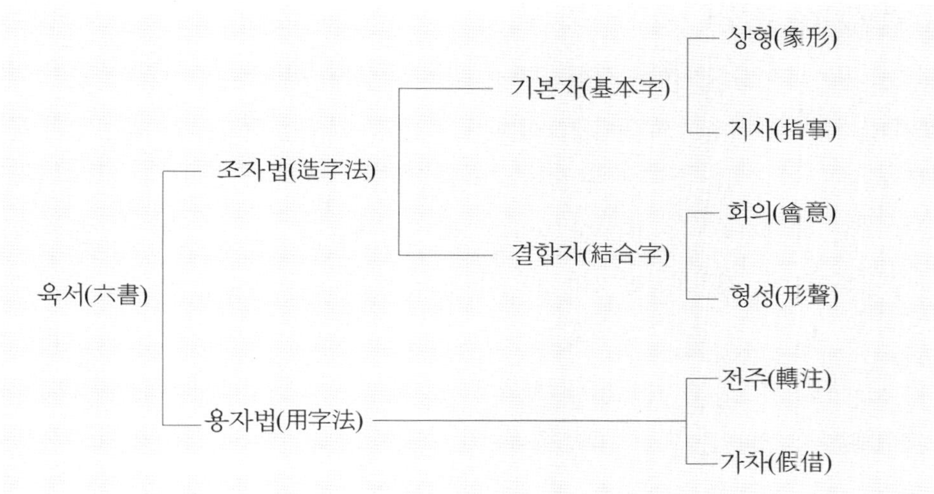

(1) 상형자(象形字)

상형자는 사물의 모양이나 무늬를 본뜬 그림문자로서 가장 원시적인 조자(造字)방법에 의해 만들어졌다. 가장 간단한 모양의 초기 문자들로서 허신(許愼)의 설명대로 사물의 윤곽을 모양에 따라 구불구불하게 표현한 것이다. 글자의 모양을 통해 의미를 쉽게 유추해낼 수 있으며, 뛰어난 시각성을 가지고 있다.

日, 月, 水, 山, 田, 木, 牛, 馬, 羊, 鳥, 口, 目

(2) 지사자(指事字)

사물의 형상은 상형자로 표현하지만 관념적, 추상적 사물은 '지사(指事)', 즉 상징적인 부호를 사용하여 나타내었다. 지사자는 형태 자체로부터 그 문자가 가리키는 상징이나 개념을 알아낼 수 있는 특징이 있다.

허신(許愼)은 '上', '下' 두 자를 예로 들어 설명하고 있는데, 갑골문에서 '上', '下' 두 자는 공히 두 개의 필획으로 표시하고 있다. '上'자는 아래쪽에 긴 획으로 지면(地面)을 표시하며, 그 위에 짧은 횡선을 그어 땅의 윗부분을 상징한다. '下'자도 같은 이치이다. '上', '下', '一'과 같은 경우는 순수한 부호성지사자(符號性指事字)에 해당하며, '刃', '曰', '本', '末'과 같이 상형자의 기초 위에 지사부호(指事符號)를 가미한 글자도 있다.

上, 下, 一, 二, 三, 刃, 曰, 本, 末, 朱, 寸

(3) 회의자(會意字)

회의자는 두 개 이상의 이미 만들어진 개별 글자가 조합된 형태이다. 자형(字形)이나 자의(字意)가 합쳐져서 전체 글자의 의미를 표현한다. 예를 들어, '酒'자의 경우 술 빚는 용기(酉)와 액체인 '水'를 합쳐 의미를 표현한 것이다. '解'자의 의미를 나누어 보면, 칼(刀)을 사용하여 소(牛)의 뿔(角)을 해체한다는 의미를 담고 있다. '鳴'자는 새의 울음을 나타내는데, 입(口)과 새(鳥)를 결합하여 만든 것이다. '電'자의 경우, 비(雨)와 번개(申)가 만나 천둥번개를 뜻하게 된다.

회의자는 같은 문자를 결합시킨 것(同體會意字)과 다른 문자를 결합시킨 것(異體會意字)이 있다. 전자(前者)의 예로는 '炎, 林, 森, 晶, 轟, 焱, 双, 多, 比, 赫, 磊, 犇' 등이 있고, 후자의 예로는 '信, 休, 明, 男, 盥, 鳴, 焚, 取, 伐, 典, 莫' 등이 있다.

同體會意字 : 木 + 木 = 林,　火 + 火 = 炎,　夕 + 夕 = 多
赤 + 赤 = 赫,　木 + 木 + 木 = 森

異體會意字 : 日 + 月 = 明,　人 + 木 = 休,　人 + 言 = 信
爪 + 木 = 采,　口 + 鳥 = 鳴

(4) 형성자(形聲字)

상형자나 지사자는 단독적으로 만들어진 하나의 글자이지만, 형성자(形聲字)는 두 부분으로 구성되어 있다. 구조는 매우 단순하여 형부(形符 또는 意符)는 글자의 의미를 나타내며, 성부(聲符)는 독음(讀音)을 나타낸다. 사물의 성질과 명칭에 근거하여 이에 비유할만한 소리부와 의미부를 선별하여 글자를 만드는 것이다. 이미 만들어진 두 글자를 조합하여 새로운 하나의 글자를 만드는 방법은 회의자(會意字)와 같지만, 한쪽은 뜻(形)을, 다른 한쪽은 소리(聲)를 취하여 만드는 것이 다르다. 한자의 80% 정도가 이 형성문자에 해당한다.

氵(形符) + 工(聲符) = 江　　氵(形符) + 可(聲符) = 河
人(形符) + 可(聲符) = 何　　木(形符) + 可(聲符) = 柯
心(形符) + 咸(聲符) = 感　　口(形符) + 門(聲符) = 問

＊ 형부(形符)와 성부(聲符)의 결합방식 ＊

① 좌형우성(左形右聲): 江, 呼, 糊, 語, 味, 銅, 碑, 扶, 餓, 距

② 우형좌성(右形左聲): 鴨, 功, 頭, 和, 放, 雌, 觀, 視, 新, 郊

③ 상형하성(上形下聲): 竿, 芝, 界, 雲, 宇, 字, 花, 葛, 崇, 草

④ 하형상성(下形上聲): 感, 壅, 聾, 婆, 悲, 盛, 驚, 烈, 製, 想

⑤ 외형내성(外形內聲): 圓, 圍, 固, 閣, 閥, 閘, 幽, 衷, 街, 國

⑥ 내형외성(內形外聲): 聞, 問, 悶, 悶, 鬪, 辯, 辨, 鳳

⑦ 부분 형부(形符): 島(形符'山'), 畿(形符'田'), 騰(形符'馬'), 疆(形符'土')

⑧ 부분 성부(聲符): 徒(聲符'土'), 旗(聲符'其'), 扉(聲符'非'), 氖(聲符'乃')

(5) 전주자(轉注字)

허신이 말했던 "轉注者, 建類一首, 同意相受, 考老是也."에서 '建類一首'의 논의(本義)는 부수(部首)가 같고, 음(音)이 같거나 비슷하며, 뜻이 비슷한 글자들을 말한다. 그리고 '同意相受'는 이런 글자들이 '전주(轉注)'의 방식을 이용해 서로 통용할 수 있다는 것이다. 허신은 '考'와 '老'를 그 예로 들었다. 그러나 과거 여러 학자들이 전주에 대하여 서로 다른 의견을 제시했으나, 오늘날 일반적으로 말하는 전주는 이미 사용되어 오던 한 글자의 본래 뜻이 다른 의미로 바뀌어 쓰이는 것을 이른다. 이 경우는 두 가지로 나뉜다.

① 뜻만 바뀌고 음은 그대로 사용되는 경우

好: 좋을 호, 좋아할 호

② 뜻과 함께 음도 바뀌는 경우

樂: 풍류 악, 즐거울 락, 좋아할 요

惡: 악할 악, 미워할 오

說: 말씀 설, 달랠 세

(6) 가차자(假借字)

가차(假借)란 동음대체(同音代替)를 말한다. 즉 입말에서만 사용될 뿐 이에 상응하는 글자가 없는 경우, 이와 발음이 같은 글자를 골라 그 의미를 표현하는 글자로 사용하는 것이다. 그 한자의 본래 뜻과는 관계 없이 글자의 음만 빌어서 다른 사물을 나타내는 것이다. 예를 들면, '自'는 본래 '鼻'의 상형자였으나 나중에 '자기(自己)'를 나타내는 '自'로 빌려 쓰게 되었다.

상형, 지사, 회의, 형성으로 표현하기 어려운 개념들은 왕왕 가차의 방법을 사용한다. 예를 들어, 허사(虛詞)인 '莫, 也, 矣, 者, 焉'이나 대명사인 '我, 吾, 汝, 乃, 其' 등의 글자들은 본래 자신들의 고유 의미가 따로 있었다. 그러나 이런 허사, 대명사들은 상형, 지사, 회의, 형성의 방법으로 글자를 만들어내기 어려우므로 선인(仙人)들은 하는 수 없이 이런 글자들을 빌려 표현하게 된 것이다.

본의(本義)	가차의(假借義)
來(올 래) : 보리(麥)	오다
豆(콩 두) : 제물(祭物)을 담는 그릇	콩
其(그 기) : 키(곡식을 까부르는 기구)	그(지시대명사)

'其'는 본래 '키'의 모양을 본뜬 상형자였지만, 후에 가차(假借)되어 '그'라는 지시대명사로 사용되었다. 이 경우 가차의(假借義)가 본의(本義)를 대신하였으므로, 이를 보완하기 위해 '키'의 구성재료인 '竹'을 붙여 '箕'를 '키'에 해당하는 한자로 만들어 쓰게 되었다. 즉 가차는 전주와 상호 보완적 관계에서 혼용하곤 한다. 또한 가차자(假借字)의 출현은 전주(轉注)라는 또다른 방식의 조자법(造字法)을 출현하게 한 요인이 되었다고 볼 수 있다.

4. 한자의 부수(部首)

(1) 부수(部首)와 명칭

허신(許愼)은 《설문해자(說文解字)》에서 육서(六書)의 형성자(形聲字) 중 형부(形符)가 같은 글자들을 한데 모으고 '부(部)'라 명명하였다. 또 각 '部'에서 공통으로 들어가는 형성자를 맨 앞에 배치하였는데, 이것이 바로 '부수(部首)'이다. 예를 들어 '木(나무 목)', '松(소나무 송)', '李(오얏 리)', '校(학교 교)' 등의 글자들은 모두 '木'部에 속하며, 이 때 '木'이 바로 부수인 것이다.

허신(許愼)이 《설문해자》에서 9,353字의 한자들을 540 가지 '部'로 분류한 이래로, 단지 '部'의 가짓수만 다를 뿐 이 방법은 오랫동안 자전(字典)을 편찬하는 데에 사용되었다. 《설문해자》는 540部, 543년 양(梁)나라 고야왕(顧野王)의 《옥편(玉篇)》은 542部, 명대(明代) 자휘(字彙)는 214部, 청대(淸代) 《강희자전(康熙字典)》의 4만여 한자들도 214部, 현대의 《신화자전(新華字典)》이 189部이다. 우리 나라의 자전(字典)들은 《강희자전》의 분류에 따라 214자의 부수로 정리되어 있다. 한자는 이 214자 중 어느 하나를 그 글자의 기본이 되는 부수로 삼고 있으며, 이 부수자(部首字)는 더 이상 분해할 수 없다.

한자가 나타내는 의미는 이 부수자(部首字)와 깊은 관련을 맺고 있기 때문에, 부수는 한자의 의미를 아는 데 큰 도움이 된다. 한자를 제대로 학습하기 위해서는 한자의 기본을 이루는 이 214자의 부수를 외워야 한다.

부수는 놓이는 위치에 따라 명칭이 달라지는데, 정리해보면 아래와 같다.

① 변(좌측) - 글자의 왼쪽에 있는 부수를 '변(邊)'이라 한다.

亻(사람인변), 彳(두인변), 忄(심방변), 扌(손수변), 冫(이수변), 氵(삼수변), 牛(소우변), 犭(개사슴록변), 方(모방변), 王(구슬옥변), 歹(죽을사변), 衤(옷의변), 阝(좌부방변), 爿(장수장 변), 片(조각편변), 舟(배주변), 言(말씀언변), 革(가죽혁변)

② 방(우측) - 글자의 오른쪽에 있는 부수를 '방(傍)'이라 한다.

阝(우부방), 卩(병부절방), 刂(칼도방), 攵(등글월문방), 殳(갖은등글월문방), 匕(비수비방), 欠(하품흠방), 斗(말두방), 頁(머리혈방)

③ 머리(상) - 글자의 위쪽에 있는 부수를 '머리' 또는 '두(頭)'라 한다.

亠(갓머리), ++(초두머리), 竹(대죽머리), 罒(그물망머리), 襾(덮을아머리), 雨(비우머리)

④ 발(하) - 글자의 아래쪽에 있는 부수를 '발'이라 한다.

儿(어진사람인발), 灬(불화), 皿(그릇명밑)

⑤ 받침(좌하) -글자의 왼쪽과 밑을 싸는 부수를 '받침'이라 한다.

廴(민책받침), 辶(책받침), 走(달릴주)

⑥ 엄호(상좌) - 글자의 위와 왼쪽을 덮는 부수를 '엄'이라 한다.

厂(민엄호), 广(엄호), 疒(병질엄), 尸(주검시엄), 戶(지게호), 耂(늙을로엄), 虍(범호)

⑦ 몸(외) - 부수가 글자 바깥에서 둘러싸고 있으면 '몸' 또는 '안'이라 한다.

口(큰입구몸), 行(다닐행안), 門(문문안), 鬥(싸움투안)

⑧ 제부수(전체) - 한 글자 전체가 그대로 부수인 것을 '제부수'라 한다.

山(메산), 木(나무목), 見(볼견), 金(쇠금), 馬(말마)

⑨ 변, 방, 머리, 받침 등으로 두루 쓰이는 부수

子(아들자), 女(계집녀), 山(메산), 日(날일), 力(힘력), 口(입구), 土(흙토), 弓(활궁), 月(달 월), 月(육달월), 木(나무목), 火(불화), 田(밭전), 目(눈목), 石(돌석), 示(보일시), 禾(벼 화), 米(쌀미), 糸(실사), 耳(귀이), 貝(조개패), 足(발족), 車(수레거), 辛(매울신), 酉(닭 유), 食(밥식), 見(볼견), 金(쇠금), 隹(새추), 衣(옷의)

(2) 자전(字典)의 부수(部首) 분류

모르는 한자를 찾으려면 자전(字典)을 이용해야 하며, 이 때 먼저 알아야 할 것이 부수(部首)이다. 한자를 부수(部首)에 따라 분류하여, 획수의 순서에 따라 차례로 배열하고, 그 음과 뜻을 밝힌 것이 자전(字典)이다. 자전에는 214개 부수에 의해 획수(劃數)순으로 한자들이 분류 정리되어 있다. 다음은 한자의 부수를 분류한 표이다.

한자 부수표									
1획	一	丨	丶	丿	乙(乚)	亅	2획	二	亠
	한일	뚫을곤	점주	삐칠별	새을	갈고리궐		두이	돼지해머리
人	亻	儿	入	八	冂	冖	冫	几	凵
사람인	사람인변	어진사람인	들입	여덟팔	멀경몸	민갓머리	이수변	안석궤	위터진입구
刀	刂	力	勹	匕	匚	匸	十	卜	卩
칼도	선칼도방	힘력	쌀포몸	비수비	터진입구	터진애운담	열십	점복	병부절
厂	厶	又	3획	口	囗	土	士	夂	夊
민엄호밑	마늘모	또우		입구	큰입구몸	흙토	선비사	뒤처져올치	천천히 걸을쇠
夕	大	女	子	宀	寸	小	尢	尸	屮
저녁석	큰대	계집녀	아들자	갓머리	마디촌	작을소	절름발이왕	주검시	왼손좌
山	巛(川)	工	己	巾	干	幺	广	廴	廾
뫼산	개미허리	장인공	몸기	수건건	방패간	작을요	엄호밑	민책받침	스무입발
弋	弓	彐(彑)	彡	彳	忄	扌	氵	犭	4획
주살익	활궁	튼가로왈	터럭삼	두인변	심방변	재방변	삼수변	거사슴변	
心	戈	戶	手	支	攴(攵)	文	斗	斤	方
마음심	창과	지게호	손수	지탱할지	등글월문	글월문	말두	도끼근	모방
无	日	曰	月	木	欠	止	歹	殳	毋
이미기방	날일	가로되왈	달월	나무목	하품흠	그칠지	죽을사변	갖은등글월문	말무
比	毛	氏	气	水	火	灬	爪(爫)	父	爻
견줄비	털모	각시씨	기운기밑	물수	불화	불화발	손톱조	아비부	점괘효
爿	片	牙	牛	犬	王	++	辶	耂	5획
장수장변	조각편	어금니아	소우	개견	구슬옥	초두	책받침	늙을르엄	
玄	玉	瓜	瓦	甘	生	用	田	疋	疒
검을현	구슬옥	오이과	기와와	달감	날생	쓸용	밭전	필필	병질엄

癶	白	皮	皿	目	矛	矢	石	示(礻)	禸
필발머리	흰백	거죽피	그릇명	눈목	창모	화살시	돌석	보일시	자귀유
禾	穴	立	罒	衤	6획	竹	米	糸	缶
벼화	구멍혈	설립	그물망	옷의		대죽	쌀미	실사	장군부
羊	羽	而	耒	耳	聿	肉	臣	自	臼
양양	깃우	말이을이	쟁기뢰	귀이	붓율	고기육	신하신	스스로자	절구구
舌	舛	舟	艮	色	虍	虫	血	行	襾
혀설	어지러질천	배주	간괘간	빛색	범호밑	벌레훼	피혈	다닐행	덮을아
艸	网	老	衣	7획	見	角	言	谷	豆
초두밑	그물망	늙을로	옷의		볼견	뿔각	말씀언	골곡	콩두
豕	豸	貝	赤	走	足	身	車	辛	辰
돼지시	갖은돼지시	조개패	붉을적	달릴주	발족	몸신	수레거	매울신	별진
辵	邑(阝)	酉	釆	里	8획	金	長	門	阜(阝)
갖은책받침	고을읍	닭유	분별할변	마을리		쇠금	긴장	문문	언덕부
隶	隹	雨	靑	非	9획	面	革	韋	韭
미칠이	새추	비우	푸를청	아닐비		낯면	가죽혁	가죽위	부추구
音	頁	風	飛	食	首	香	10획	馬	骨
소리음	머리혈	바람풍	날비	먹을식	머리수	향기향		말마	뼈골
高	髟	鬥	鬯	鬲	鬼	11획	魚	鳥	鹵
높을고	터럭발밑	싸움투	술창	솥력	귀신귀		물고기어	새조	소금밭로
鹿	麥	麻	12획	黃	黍	黑	黹	13획	黽
사슴록	보리맥	삼마		누를황	기장서	검을흑	바느질치		맹꽁이맹
鼎	鼓	鼠	14획	鼻	齊	15획	齒	16획	龍
솥정	북고	쥐서		코비	가지런할제		이치		용룡
龜	17획	龠							
거북구		피리약							

5. 필획(筆劃)과 필순(筆順)

(1) 필획(筆劃)

필획(筆劃)은 글자를 구성하는 점(點)과 획(劃)을 말하는데, 한자를 쓸 때 한 번 붓을 댓다가 뗄 때까지의 점(點)이나 선(線)의 모양을 말한다. 기본적 필획은 아래 영자팔법(永字八法)을 통해 알 수 있듯이 8가지가 있다.

* 영자팔법(永字八法) *

한(漢)나라의 채옹(蔡邕)이 고안했으며, 한자의 글씨 쓰는 법을 가르치는 방법의 하나이다. '永'자 한 자 속에 글자를 쓰는 여덟 가지 방법이 들어 있다.

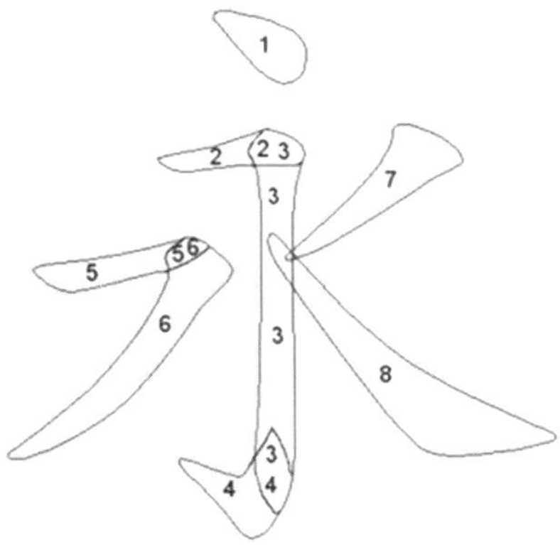

1. 측(側) - 점찍는 법(上點)
2. 늑(勒) - 가로로 긋는 법(平橫)
3. 노(努) - 세로로 내리 긋는 법(中直)
4. 적(趯) - 올려 치는 법(下句), 일명 갈고리
5. 책(策) - 오른쪽으로 치키는 법(左挑)
6. 약(掠) - 왼쪽으로 길게 뻗치는 법(右拂)
7. 탁(啄) - 짧게 왼쪽으로 삐치는 법(左撇)
8. 책(磔) - 파임하는 법(右捺)

(2) 필순(筆順)

한자의 미학적(美學的) 가치를 살려 바르게 쓰려면, 먼저 기본이 되는 필획(筆劃)을 잘 익혀야 하고, 다음 한자의 균제미(均齊美)를 살려 각 필획을 가지런하게 배치해야 한다. 한자에서는 한 획이 짧게는 점으로 끝나지만 하나의 선이 여러 번 굴곡을 거치는 경우도 많다. 오늘날은 모두 펜을 사용하여 필기를 하지만 고대인들은 붓을 사용하였다. 아름다운 글씨를 쓰기 위한 욕구는 자연스럽게 한자 필획의 순서를 고려하게 되었으며, 이는 인위적인 설정이 아니라 오랜 시간 경험을 통해 얻어진 자연적 산물이다.

손을 떼지 않고 한 번에 긋는 부분을 한 획(劃)이라 말하며, 한 글자를 이루는 획의 총 수를 '총획수'라 한다. 한 글자는 최소 한 획으로 이루어진 한자(一: 한 일)에서부터 시작하여 최대 48 획에 이르는 한자(龘: 말 많을 절)도 있다. 한자를 쓸 때 점과 획을 차례 차례로 써서 하나의 글자를 완성해 가는데, 이렇게 글자를 써 내려가는 순서를 필순(筆順)이라 한다. 한자의 필순은 심미적(審美的) 추구에 따라 몇 가지 원칙이 존재하며, 글씨쓰기의 효율을 위해서는 반드시 필순을 지켜 쓰는 연습을 해야 한다.

필순의 기본 원칙

1. 가로획을 먼저 쓰고 세로획은 나중에 쓴다.

   大: 一 ナ 大

   十: 一 十

   干: 一 二 干

2. 위에서 아래로 쓴다.

   三: 一 二 三

   合: ノ 人 亼 亽 合 合

3. 왼쪽에서 오른쪽으로 쓴다.

   川: 丿 川 川

   州: 丶 丿 少 州 州 州

4. 밖에서부터 안으로 쓴다. 밖을 먼저 둘러 싸고, 안을 나중에 쓴다.

   마지막으로 터진 입구를 닫는다.

   日: 丨 冂 日 日

   月: 丿 冂 月 月

   田: 丨 冂 日 田 田

   國: 丨 冂 冂 冂 冂 冋 冋 囗 國 國 國

5. 좌우 대칭일 때는 가운데 획을 먼저 긋는다.

   내려 긋는 획을 먼저 쓰고, 삐침을 나중에 한다.

   小: 亅 小 小

   示: 一 二 亍 示 示

   水: 亅 水 水 水

6. 가로획과 세로획이 교차할 때에는 가로획을 먼저 긋는다.

   위에서 아래로 내려 긋는 획을 나중에 쓴다.

   古: 一 十 古 古 古

   中: 丨 口 口 中

   甲: 丨 冂 日 日 甲

   平: 一 丆 丷 平 平

7. 둘러싸인 글자 중 세로획을 먼저 쓰기도 한다.

由: 丨 冂 巾 由 由
田: 丨 冂 冂 田 田
둘러싸여 있지 않은 경우는 가로획을 먼저 쓴다.
王: 一 二 干 王
主: 丶 亠 亡 丰 主

8. 가로로 꿰뚫는 획은 나중에 쓴다.

女: 𡿨 夊 女
子: 乛 了 子
丹: 丿 冂 冂 丹

9. 오른쪽 위의 점은 가장 나중에 찍는다.

犬: 一 ナ 大 犬
式: 一 二 亍 式 式 式
代: 丿 亻 仁 代 代

10. 글자 전체를 꿰뚫는 획은 나중에 긋는다.

中: 丨 冂 口 中
母: 𠃊 ⺆ 𠂭 母 母

11. 왼쪽 삐침(ノ)을 먼저 쓰고, 오른쪽 삐침(㇏)은 나중에 쓴다.

父: 丿 八 グ 父
人: 丿 人
木: 一 十 才 木
赤: 一 十 土 产 赤 赤 赤

12. 책받침은 가장 나중에 한다.

建: ㇇ ⺕ ⺕ ⺕ 三 聿 聿 建 建
近: 𠂆 厂 斤 斤 䜣 䜣 䜣 近
送: 丷 八 亼 亼 关 关 关 关 送 送
道: 丶 丷 䒑 䒑 产 首 首 首 首 首 首 道 道

13. 가로획과 왼쪽 삐침의 경우 가로획을 먼저 쓴다. 삐침이 짧은 경우, 먼저 쓰기도 한다.

左: 一 ナ 左 左 左
在: 一 ナ 亻 亻 在 在
有: 丿 ナ 十 冇 有 有

6. 한자의 자형(字形)

생성 초기의 한자는 상형자(象形字)와 지사자(指事字)로부터 시작되었으며, 이 때는 정식 문자로서보다 그림이나 부호에 가까운 형태였다. 일반인들은 갑골문(甲骨文)이 한자의 최고(最古) 최초(最初)의 형태로 알고 있지만, 사실 가장 오래된 원시문자들은 원시 유적에서 발굴된 도기(陶器)에 새겨진 그림이나 부호(符號)들일 것이다. 정식 문자로서의 한자는 갑골문(甲骨文)으로부터 시작하여 자체(字體)의 변화과정을 겪었는데, '갑골문(甲骨文)→금문(金文)→전서(篆書)→예서(隷書)→해서(楷書)'의 차례로 발전하였다. 이것은 한자의 주요 자형(字形)에 해당하며, 이를 응용해 사용하던 '행서(行書)'와 '초서(草書)'가 있다.

(1) 갑골문(甲骨文)

갑골문(甲骨文)은 갑골복사(甲骨卜辭)라고도 하며, 기원전 1384년 반경(盤庚)이 은허(殷墟)로 도읍을 옮긴 이후, 은상(殷商) 왕실의 길흉화복(吉凶禍福)을 점친 기록이다. 귀갑(龜甲: 주로 거북의 배껍질)이나 수골(獸骨: 주로 소의 어깨뼈)에 새긴 문자를 말하며, 이는 이미 3천4백여 년의 역사를 지니고 있지만 발견된 지는 이제 110여 년 남짓 된다. 갑골문이 발견되기 이전에는 사람들이 이의 존재조차도 몰랐었는데, 은상(殷商)시대 이후로 갑골문은 이미 모두 땅 속에 묻혀버렸기 때문이다. 발견된 갑골문의 개별자는 약 5천 자 가량이며, 이제까지 15만여 편이 발견되었다.

갑골문은 청(淸)나라 광서(光緖) 24년(1898년) 지금의 하남성(河南省) 안양현(安陽縣) 소둔촌(小屯村)에서 한 농부에 의해 발견되었다. 한 농부가 밭을 갈 때 황토층 아래에서 한 무더기의 갑골을 발견했는데, 처음에는 이것이 '용골(龍骨)'이라 여기고 약재상에 팔아 약용으로 쓰게 되었다. 후일 북경(北京)의 약재상에서도 이 귀갑(龜甲)을 약재로 팔게 되었으며, 1899년 당시 고문학자(古文學者)였던 왕의영(王懿榮)이 병으로 약을 처방받았다가 이 약의 보조약재인 '용골'에 새겨진 문자를 발견하게 되었다. 왕의영이 이를 자세히 관찰해보고는 상대(商代)의 점치던 뼈(卜骨)임을 확신하게 되었으며, 새겨진 문자는 대전(大篆: 초기 篆書) 이전의 것임을 확신하게 되었다. 이러한 중대한 발견은 고문자(古文字), 즉 갑골문(甲骨文)의 발굴과 연구에 서막을 열게 되었고, 이 연구를 통해 한자의 탄생과 변화, 그리고 고대문화(古代文化)에 대한 새로운 인식을 갖게 되었다.

갑골문의 내용은 왕실의 점괘 이외에도 매우 다양하다. 은상(殷商)시대의 통치자는 천명(天命)을 매우 중시 여기고 미신(迷信)관념 또한 대단히 농후했다. 따라서 거의 모든 일을 점괘에 의지했는데, 점치는 범위가 매우 광범위하여 농업생산(農業生産), 어로(漁撈), 목축(牧畜), 수렵(狩獵)뿐 아니라, 기상(氣象), 정벌(征伐), 혼인(婚姻), 제사(祭祀), 외교(外交), 질병(疾病) 등등에까지 이르렀으며, 따라서 우리는 이렇게 풍부한 문자 자료를 통해 당시의 역사와 사회제도 등에 관해 깊은 이해를 가질 수 있게 되었다.

갑골문은 당시 이미 매우 성숙한 문자체계를 갖추고 있었으므로 당시의 언어를 거의 완벽하게 기록할 수 있었다. 또한 기본적으로 허신(許愼)이 말했던 상형(象形), 지사(指事), 회의(會意), 형성(形聲), 전주(轉注), 가차(假借) 등 '육서(六書)'의 조자(造字), 용자(用字) 법칙을 이미 모두 갖추고 있었다. 이를 통해 고대(古代) 선인(先人)들의 지혜가 이미 상당한 수준에 이르렀음을 알 수 있다.

그러나 문자 형성 초기의 산물인 만큼 여러 가지 불안정적인 특징들도 가지고 있었다. 예를 들어 한 글자에 대한 자체(字體)가 정형화되지 못하여 쓰는 법이 십 수 가지에 이른다던가, 또는 두 개의 글자를 하나처럼 합쳐서 사용한 예가 많이 출현한다던가, 서로 다른 글자임에도 불구하고 하나의 자(字)를 사용하는 등의 문제들이다. 또한 갑골문자는 칼을 사용하여 딱딱한 귀갑이나 수골에 글자를 직접 새긴 것이므로 자체(字體)의 표현이 자연스럽지 못하여 본래 표현하고자 하는 내용과 다소간 차이가 생기는 현상도 많이 발견된다. 둥글게 표현해야 하는 선의 윤곽이나 마무리 등이 거친 직선과 꺾임으로 표현되어 방형(方形)의 글자가 되는 현상이 거의 대부분 발견되며, 어떤 자는 상형(象形)의 글자임에도 불구하고 너무 단순화시켜버리는 현상도 있었다. 또 이와 반대로 어떤 자는 불필요한 획들을 가미하여 여러 이체자를 발생시키기도 하였다. 이 외에도 여러 가지 형성 초기 문자로서의 특질들을 보여 주지만, 이는 어쨌든 갑골문 시기가 문자 발생 초기의 부단한 생성, 변화, 발전의 과정에 있었으므로 안정성보다는 변이적 요소를 다분히 가지고 있음을 잘 보여주는 것이라 할 수 있다.

(2) 금문(金文)

금문(金文)은 은상(殷商), 주(周), 춘추전국(春秋戰國) 시대에 청동기(靑銅器)에 주조(鑄造)하거나 새긴 문자를 말하며, 따라서 이로 인해 만들어진 문장을 '청동기명문(靑銅器銘文)'이라

부른다. 고대인들은 구리를 '상서로운 쇠붙이(吉金)'로 여겼기 때문에 청동기에 새겨진 문자를 '금문(金文)'이라 불렀다. 금문을 또한 '종정문(鐘鼎文)'이라고도 불렀는데, 이는 이러한 문자들이 주로 종정(鐘鼎:연주용 솥과 요리용 솥)에 주조하거나 새겼기 때문이다.

고대의 청동기는 예기(禮器), 악기(樂器), 병기(兵器), 식기(食器), 일상용기(日常容器) 등 다양한 종류가 있지만, 일반적으로는 예기(禮器)와 악기(樂器) 두 종류로 대별된다. 이 중 예기는 주로 '정(鼎:세 발 달린 솥)'의 형식이며, 악기는 주로 '종(鍾)'의 형식을 사용했기 때문에 종정(鐘鼎)이 곧 고대의 청동기를 통칭하게 되었다.

역사적으로는 하(夏)나라 때에 이미 청동기의 주조가 이루어졌다고 한다. 그러나 후대에 발견된 선진(先秦)의 청동기는 주로 상주(商周)시대의 것이다. 상대(商代) 전기(前期) 청동기에 명문(銘文)이 있는 경우는 소수에 불과하며, 또한 주로 꽃무늬들과 함께 나타난다. 상대(商代) 후기(後期)의 기물(器物)에서부터 명문(銘文)이 점차로 증가하게 되며, 기록된 내용도 씨족의 명칭이거나 제사지내는 조상들의 칭호들이 나타난다. 또한 몇 십 자에 이르는 장편의 기사(記事)도 발견된다. 서주(西周)시대에 이르러 금문(金文)의 자체(字體)는 매우 정연한 모습을 띠게 되고, 글자수도 점차 늘어나 500여 자의 장문(長文)도 출현하며, 몇 십 자에서 300여 자에 이르는 금문도 700여 편에 이르게 된다. 기록된 내용은 주로 제사법규(祭祀法規), 정벌(征伐), 형벌제도(刑罰制度), 계약(契約) 등에 관한 것으로 내용이 풍부할뿐더러 사료(史料)적 가치도 매우 높다. 전국(戰國) 말기에 이르러서는 장편의 명문(銘文)이 적어져서 간지 주조공(鑄造工)이나 감독자의 이름, 기물명(器物名) 정도가 나타날 뿐이다.

금문은 갑골문과 동일 계열의 문자체계로서 위로 갑골문을 계승하고 아래로는 대 소전(大 小篆)으로 이어지며, 자형(字形)구조가 비교적 성숙한 단계에 접어든 문자였다. 금문의 자형(字形)은 굴곡지고 완만하며, 선(線)이 두텁고 풍부하다. 또한 원숙하고 매끄러우면서도 소박하고 자연스러운 멋을 동시에 지니고 있다. 이는 귀갑(龜甲)에 날카로운 도구로 글자를 새겨 넣었던 갑골문의 장방형(長方形) 특징, 직선적이고 투박한 형태와는 크게 대별되는 모양이다. 그러나 청동기 명문 중에서도 어떤 것은 갑골문보다도 더 도형성(圖形性)이 강한 문자들도 있다.

금문(金文)은 은상(殷商)부터 춘추전국(春秋戰國)까지 꽤 오랜 시간 동안 사용되어졌지만, 그 중 가장 성행했던 시기는 서주(西周)시기이다. 서주(西周)의 금문(金文)은 자체(字體)가 비록 위로는 갑골문을 계승하였지만 주조(鑄造)와 계각(契刻) 방법의 차이로 인해 갑골문자와는 많은 차이가 있다. 또한 금문은 갑골문보다 훨씬 폭넓은 지역에서 사용된 것이 수많은 출토 유물로 인해 밝혀졌는데, 광범위한 지역에서 출토된 특성으로 인해 다양한 서체(書體)의 형태들을 보여주고 있으며, 경우에 따라서는 갑골문보다 더 원형에 가까운 형태를 나타내고 있는 것들도 있다.

(3) 전서(篆書)

한자의 구조는 오늘날까지 비록 표의문자(表意文字)의 단계를 벗어나지 못했지만, 수 천 년간 수많은 변화과정을 겪었다. '전서(篆書)'란 사실 광의(廣義)로는 진(秦)나라 이전의 여러 가지 자체(字體)들, 즉 갑골문(甲骨文), 금문(金文), 석고문(石鼓文), 전국시대(戰國時代)의 육국고문(六國古文), 소전(小篆), 무전(繆篆), 첩전(疊篆) 등등을 모두 통칭하는 말로 사용된다. 그러나 협의(狹義)로 말하자면 주로 대전(大篆)과 소전(小篆)을 가리킨다. 전서의 필획은 둥그렇게 마무리되는 특징을 띠는데, 비록 어느 정도 아직 상형(象形)의 흔적을 간직하고는 있지만, 부호성 또한 대대적으로 증가했다.

대전(大篆)은 넓게는 종정문(鐘鼎文), 주문(籒文), 육국고문(六國古文), 석고문(石鼓文)의 통칭이지만, 좁게는 주로 주문(籒文)을 가리킨다. 주(周)나라 말기부터 시작하여 진대(秦代)까지 쓰였다. 옛사람들은 전서를 창힐(蒼頡)이 만들었다고 하였으나, 주선왕(周宣王) 태사(太史) 주(籒)가 사주편(史籒篇) 을 저술하였는데, 여기에 담긴 글자를 '대전(大篆)'이라고 하였다. 사주편(史籒篇) 은 춘추전국 시기 진(秦)나라 사람이 만든 아동용 글자교본이었다. 그러나 위진(魏晉) 이후 이 문헌은 모두 망실(亡失)되어버렸으나 다행히도 설문해자(說文解字)에 220여 개의 주문(籒文)이 남아있어서 오늘날 우리는 주문의 대략적인 면모를 살펴볼 수 있다. 주문의 필획은 갑골문과는 많이 달라서 풍격이 질박하고 자연스러우면서도 다양한 형태를 가지고 있다. 장방형(長方形)이지만 약간 길쭉하며, 글자의 배열과 행간의 형식도 가지런하다. 균형잡힌 필획과 함께 편방구조도 일정한 규칙을 갖게 된 것이 큰 특징이라 할 수 있다.

소전(小篆)은 대전(大篆)에 상대적으로 이르는 말이며 진전(秦篆)이라고도 한다. 진시황(秦始皇)이 전국의 문자를 통일하기 위하여 만든 표준 자체(字體), 즉 통용(通用)문자로서 이사(李斯)가 전국시대(戰國時代) 육국(六國)의 문자를 통일화시키고 간결화시켜 만들어내었으며, 한대(漢代)에 와서 '소전(小篆)'이라고 일컫게 되었다. 진대(秦代)와 서한(西漢) 전기까지 사용되었다. 소전은 진시황(秦始皇)이 천하를 통일한 후의 산물로서 유사 이래 최초로 행해진 문자개혁(文字改革)운동이었다. 소전이 만들어진 후로는 이것이 곧 정자(正字)가 되었으며,

본래 육국(六國)에서 통용되었던 각종 이체자(異體字)들은 모두 폐지되었다. 이는 후대 한자의 규범화에 중대한 변혁을 불러 일으킨 사건이라 할 수 있다. 소전은 글자 모양에 큰 변화가 일어난 규범화된 문자로서, 편방(偏旁)이 모두 고정적인 형식과 위치를 가지고 있어 균일하고 간결하며, 필법(筆法)이 둥그렇고 단정하다. 또한 주문(籒文)에 비해 쓰기가 쉬우며, 글자의 구조가 세로로 긴 장방형(長方形)으로서 모양이 우아하면서 온화한 특징을 가지고 있다.

(4) 예서(隸書)

예서(隸書)는 전서(篆書)가 간결화되어 만들어진 자체(字體)이다. 소전(小篆)의 둥그런 필획이 네모지고 꺾이어 만들어졌으며, 글씨를 쓰기에 소전보다 한결 편해진 것이 장점이다. 진대(秦代)의 전서(篆書)에서 예서(隸書)로의 변화는 한자(漢字)의 변천사(變遷史)상 중대한 전환점으로서 한자의 구조와 모양에 있어 일대 변혁이며, 고문자(古文字)와 금문자(今文字)의 분수령이라 할 수 있다. 소전을 고문자라 한다면, 예서는 오늘날 완정한 글자 형태의 시발점이라고 볼 수 있다. 왜냐하면 소전은 여전히 어느 정도 상형성(象形性)을 지니고 있었지만, 예서에 와서는 서법(書法)이 거의 대부분 상형성을 상실하게 되어 점(點), 횡(橫), 별(撇), 날(捺) 등의 필획화(筆劃化)된 부호문자로 바뀌기 때문이다. 예서는 소전(小篆)의 불규칙한 곡선 혹은 정연하게 둥근 선(線)들이 네모지고 꺾인 필획으로 바뀌어 자형(字形)을 평평하고 바른 모양으로 바꾸었다. 또한 몇몇 편방(偏旁)구조의 모양을 바꾸기도 했는데, 이는 한자의 간결화 추세에 큰 변화를 불러 일으켰다고 볼 수 있다.

예서의 형성과정에 관해서는 진(秦)나라 때 운양(雲陽)의 옥리(獄吏) 정막(程邈)이 실무에 편리한 예서(隸書)를 만들었다고 전해진다. 그러나 사실 진(秦)나라 사람들이 이러한 간결한 글자를 사용한 것이 진시황의 통일 후 생겨난 것은 절대 아니며, 오랜 동안 각지에서 출토된 전국(戰國)시기 진나라의 병기(兵器), 칠기(漆器), 도기(陶器) 상의 문자들로 볼 때 필획이 단순해지고 직선이 많아지는 간체자(簡體字)는 진시황 이전 시기부터 이미 태동했던 것으로 보여진다. 정막(程邈)이 예서를 만들었다는 설(說)은 아마도 당시 유행하던 예서의 자체(字體)들을 한 데 정리한 것에서 유래했을 것이다. 예서는 전서에 비해 확실히 간결해졌으며, 쓰기에도 편해져 당시의 사회 발전에 따라 글자를 사용할 기회가 많아진 수요에 잘 부응하였을 것이다. 예서는 정리된 후 자연적으로 광범위하게 사용되기 시작했으며, 서한(西漢) 초기에는 전서와 혼용하여 사용되다가 이내 전서를 대체하게 되었다.

예서는 널리 사용되는 과정 중에 필세(筆勢)가 부단히 변화하였는데, 일반적으로 진예(秦隷), 한예(漢隷), 팔분(八分)의 세 시기로 나뉜다. '진예(秦隷)'는 진시황 때부터 서한(西漢) 중기까지 사용되었던 예서를 말하며, 자형(字形)이 네모지고 세로로 긴 모양을 가지고 있어서 전서의 느낌을 어느 정도 가지고 있었다. 운몽진간(雲夢秦簡)이 대표적이다. 서한 중기 이후부터 사용된 예서를 '한예(漢隷)'라 하는데, 자형이 가로로 넓어지고 세로로는 짧아지며 획(劃)의 마무리가 파도 물결 모양을 하는 것이 큰 특징이라 할 수 있다. 서한(西漢) 무제(武帝) 때부터 동한(東漢) 광무제(光武帝) 시기의 거연한간(居延漢簡)과 돈황(敦煌), 신강(新疆) 지역에서 출토된 한간(漢簡)들이 대표적이다. 동한(東漢) 중기 이후부터 출현한 새로운 글자체를 '팔분(八分)'이라 하는데, 모양이 네모지고 필획이 균형감 있으며, 한예(漢隷) 필획의 물결모양이 좌우 팔(八)자 모양으로 나뉘어져(分) 균형을 이룬다. 한예(漢隷)가 팔분(八分)으로 발전하고서는 이미 국가의 표준 글자체로 자리잡았던 것으로 보여진다. 당시 일상생활에서 응용되어졌던 글자체들은 필획이 지속적으로 간결화되면서, 위진남북조(魏晉南北朝)에 와서는 해서(楷書)로 변모하게 된다. 예서(隷書)에서 해서(楷書)까지 자형(字形)구조 자체는 기본적으로 거의 변화가 없다. 다만 글자를 쓸 때 예서의 물결모양 터치가 정형화(定型化)된 마무리 필법(筆法)으로 바뀌는 것 뿐이다.

(5) 해서(楷書)

해서(楷書)는 예서(隷書)를 약간 개조한 자체(字體)로서 예서의 기본 구조를 유지하고 있지만 마무리 물결모양 필획을 없애 쓰기에 한결 편해졌으면서도 글자 모양이 단정하고 장중한 특징을 가지고 있다. 동한(東漢) 말년에 이르러 왕차중(王次仲)이 한예(漢隷)를 개량하여 해서(楷書)를 만들었고, 위진(魏晋)시대에 이르러 점차 성숙해진 뒤 이것을 정체(正體)라 하여 표준자체(標準字體)로 삼았다. 이로써 이사(李斯)가 소전(小篆)을 제정하여 문자의 혁신을 이룩한 뒤 300여 년이 지나 한자는 해서(楷書)로서 정립되었다.

육조(六朝)시대 이래로 이 새로운 글자체는 진서(眞書), 정서(正書)라 불리었는데, 이는 이 시기에 사람들이 공식적인 장소에서 통용하는 글자체가 되었음을 말해준다. 당(唐)나라 이후로는 이 글자에 다시 새로운 변화가 생겼는데, 당시 사람들이 글자를 학습할 때 이를 본보기(楷模)로 모방하여 썼기 때문에 '해서(楷書)'라는 명칭이 붙게 되었다.

해서는 필획이 가로로 평평하고 세로로 곧으며, 구조가 빈틈없이 치밀할뿐더러, 기세가 거침이 없고 모양이 매우 우아하다. 역사적으로 유명한 서예가들이 많은 걸작들을 남겼는데, 특히 구양순(歐陽詢)의 <구성궁예천명(九成宮醴泉銘)>, 유공권(柳公權)의 <대달법사현비탑비(大達法師玄秘塔碑)>, 안진경(顔眞卿)의 <마고산선단기(麻姑山仙壇記)>, 조맹부(趙孟頫)의 <현묘관중수삼문기(玄妙觀重修三門記)> 등이 유명하다. 이들은 자신만의 독특한 풍격으로 해서를 최고 예술의 경지로 올려 놓았으며, 따라서 오늘날 '4대 해서 서예가'로 손꼽히고 있다.

해서는 예서에 비해 쓰기 쉽고, 초서(草書)에 비해 식별하기 쉬워서 위진(魏晉) 이후 예서를 대체하며 통용자체(通用字體)가 되어 오늘날까지 이르게 되었다. 송대(宋代)에 이르러서는 인쇄술의 발달로 인해 해서를 근간으로 하여 글자의 크기가 일정하고 필획의 두께가 균일한 전문 인쇄용 글자체가 만들어지는데, 이를 일명 '송체(宋體)'라고 한다. 이 글자체는 명대(明代)를 거쳐 더욱 발전하며 오늘에 이르게 되었고, 따라서 오늘날 컴퓨터에서 사용하는 폰트인 송체(宋體)와 흑체(黑體) 등이 모두 이것에서 연유한 것이다.

(6) 행서(行書)

한자를 자형(字形)의 변천에 따라 살펴보면, '갑골문→금문→전서→예서→해서'의 다섯 시대로 나누는데, 해서(楷書) 이후로는 자형(字形)이 오랜 시간에 걸쳐 크게 변화하지는 않았다. 다만 서체(書體)로서 조형예술적인 면에서 다양한 작풍(作風)이 나타났을 뿐이다. 동한(東漢) 말기 삼국(三國) 이후로는 목간(木簡), 죽간(竹簡)을 대신하여 붓과 먹으로 종이에 쓰기 편리한 행서(行書), 초서(草書)가 생겨나는데, 행서(行書)는 정자체(正字體)와 초서(草書)의 중간 형태에 해당되는 것으로 획을 약간 유려하게 흘려 쓴 것이다.

초기의 행서는 예서와 초서의 중간 형태였으며, 현재 우리가 알고 있는 행서는 해서와 초서의 중간 정도이다. 한자는 예서이든 해서이든 붓으로 일 점, 일 획을 쓰기에는 상당한 힘이 들어가게 된다. 따라서 당시 사람들은 공식적인 문서가 아닐 경우 정자(正字)의 범위를 벗어나지 않는 한도 내에서 적당히 자연스럽고 편하게, 그리고 빠르게 쓰고 싶은 욕구가 있었을 것이며, 이렇게 해서 행서가 탄생하게 된 것이다. 따라서 행서나 초서는 자체(字體)의 일종이라기 보다는 일상생활의 수요에 의해 나타난 한자 쓰기의 응용이라 할 수 있다.

행서는 해서보다 쓰기 쉽고, 초서보다는 식별이 용이하여 많은 사람들이 사용했으며, 육조(六朝)시대 이래로 한자 쓰기의 주요한 글자체가 되었다. 행서의 주요 특징은, 해서의 전체적 구성이나 윤곽을 유지한 채 붓을 적당히 운용하고 이어쓰기를 하여 필획을 간소화시킨 것이다. 따라서 엄격한 규율이나 격식이 없으며, 해서의 느낌이 초서의 느낌보다 좀 더 강하게 들어간 행서를 '해행(楷行)'이라고 하며, 초서의 성분이 해서보다 많은 것을 '행초(行草)'라고 부른다.

알려진 걸작으로는 왕희지(王羲之)의 <난정서첩(蘭亭序帖)>이 행서의 최고 작품으로 꼽힌다. 다만 안타깝기로는 원본은 유실되어 없고, 당태종(唐太宗)이 신하에게 명하여 그대로 본뜬 모사본(模寫本)만이 전해 내려오고 있다.

(7) 초서(草書)

초서(草書)의 '草'자는 본래 '엉성하다', '조잡하다', '거칠다' 등의 의미를 담고 있으며, 필획이 매우 간결하여 신속히 써 내려갈 수 있는 장점이 있다. 초서의 기원에 대해서는 여러 가지 설(說)이 있지만, 진예(秦隸)의 흘려쓰기 필법에서 시작된 것으로 추측되며, 설문해자(說文解字)의 기록을 토대로 하면 한대(漢代)에 이미 활발히 사용했던 것으로 알려져 있다.

예서(隸書)가 쓰기 편하다고는 하지만, 이는 어디까지나 전서(篆書)와 비교했을 경우이고, 서면(書面)도구로서의 예서는 단정하게 규율에 맞추어 써야 한다는 점에서 어쨌든 불편한 점이 많았다. 이에 사람들은 실용적인 측면과 실제적 수요에 의해 초서를 고안해냈을 것이다.

초서는 크게 '장초(章草)', '금초(今草)', '광초(狂草)'로 나뉘는데, 가장 이른 시기의 것은 장초(章草)로서 한예(漢隸)가 변화해서 생긴 것이므로 예서의 느낌이 많이 남아 있었다. 동한(東漢) 후기부터 위진(魏晉)시기에 이르러 초서는 예서 필획의 기운을 벗어나게 된다. 한 획으로 계속 이어 쓰면서 편방(偏旁)을 자유롭게 변형하며 고유의 운치를 살리게 되는데, 이를 금초(今草)라 한다. 초서는 당대(唐代)에 와서 진일보 발전하게 된다. 자유롭게 약동하며 솟구치는 활달한 기풍과 함께 마치 용이 날아 오르고 봉황이 춤을 추는 듯한 자유분방한 기상을 보여주는데, 이것이 바로 광초(狂草)로서 보통 사람들은 글자를 식별하기조차도 어려워진다.

초서는 기존 자체(字體)의 획을 과감히 생략하거나, 또는 서로 다른 몇 가지의 편방을 하나의 흘림부호로써 표현한다든가, 하나의 단순한 필획으로 어떤 자의 한 부분을 대신한다든가 하는 여러 가지 간략기법들을 사용한다. 따라서 초서는 자형(字形)을 과도하게 간소화시켜 편방(偏旁) 사용의 혼란이 심하여 알아보기 힘들다. 오늘날은 서예 예술의 일종이 되어 애호가들의 사랑을 받고 있다. 초서로 유명한 서예가는 장지(張芝), 왕희지(王羲之), 왕헌지(王獻之) 등이 있다.

(8) 현대 중국의 간체자(簡體字)

문자는 언어를 기록하는 부호이다. 원칙적으로 하나의 글자는 하나의 모양을 가지고 있어야 하며, 두 종류 이상의 글씨체는 필요치 않다. 현대 중국은 1949년 중화인민공화국(中華人民共和國)을 건립한 이후 한자의 자체(字體)를 간결화(簡潔化)시켰다. 중국인들이 시도한 한자 개혁의 목적은 한자를 보다 간편하게 사용하고 쉽게 읽고 쉽게 쓰기 위함이었으며, 여기에다 마오쩌뚱(毛澤東)의 가르침인 '문자는 일정한 조건 아래서는 반드시 개혁을 해야 한다'라는 기치 아래 한자에 대한 간결화를 시도한 것이다. 1956년 1월 국무원(國務院)이 '한자간화방안(漢字簡化方案)'을 공포하고, 이후 네 차례 총 517 개의 간화자(簡化字)를 발표하였으며, 1964년에는 편방(偏旁)을 간화시킨 자(字)들을 모두 포함해서 총 2,338 자를 '간화자총표(簡化字總表)'에 수록하였다. 오늘날 중국 대륙에서는 일부 서예작품이나 광고, 간판, 특수 목적의 인쇄물 등을 제외하고는 각급 학교에서 일반 대중에 이르기까지 모두 간체자를 공식 문자로 사용하고 있다.

간결화 이전의 글자체는 번체(繁體)라 하며, 간략화된 글자를 간체(簡體)라 한다. 번체는 고래(古來)로부터 사용해 온 전통의 자체(字體)인데, 번체와 간체는 서로 이체자(異體字)의 관계라 할 수 있다. 번체에서 간체로의 변화는 본래 한자 자형(字形) 변화의 일반적 추세로 볼 수 있다. 간체자의 출현은 사실 갑골문시대로까지 거슬러 올라 가며, 한대(漢代)에는 민간에서 사용했던 간체자의 수효가 이미 꽤 많았다고 한다. 북위(北魏)시대에 이르러 이미 '亂'자를 '乱'으로 간결화시켜 사용했던 기록이 있고, 송원(宋元)시대 이후로는 그 숫자가 더욱 늘어나게 되어 오늘날 간체자 제정에 중요한 모체가 되었다.

한자의 간결화는 본래의 자형(字形)구조를 벗어나는 경우가 많아 이미 육서(六書)의 원칙으로는 분석이 안되는 경우가 많다. 이는 간체자를 만들게 된 연원(淵源)이 다양하여 본래의 조합원리와는 다른 방법으로 만들어진 경우가 많기 때문이다. 또한 생소한 부호로 대체하거나, 추상적인 생략법 등이 많이 반영되어 한자의 전통적인 조형미나 균제미는 많이 사라져버렸다고 볼 수 있다. 그러나 중국인들은 실용주의(實用主義)정신에 입각하여 문자생활을 하고 있기 때문에, 글자 자체의 아름다움을 추구하기보다는 도구적 요소로서의 실리(實利)를 더 중요하게 생각하는 것같다.

간체자(簡體字)를 만든 기본 원리는 다음과 같다.

① 고자(古字)를 이용하거나 필획이 단순한 이체자(異體字), 통용자(通用字)를 사용한 경우

云(雲), 电(電), 无(無), 从(從), 个(個), 礼(禮), 尔(爾), 弃(棄), 后(後), 才(纔), 气(氣), 网(網)

② 옛부터 민중들 사이에서 오랫동안 사용되었던 약자(略字)나 속자(俗字)

体(體), 声(聲), 乱(亂), 宝(寶), 尽(盡), 对(對), 办(辦), 杰(傑), 继(繼)

③ 초서체(草書體)를 해서화(楷書化)시킨 것(草書楷化)

长(長), 书(書), 专(專), 为(為), 乐(樂), 伟(偉), 东(東), 车(車), 发(發), 练(練), 头(頭)

④ 같은 음이나 유사한 음을 가진 글자로 대체한 경우(同音近音代替)

丑(醜), 里(裏), 谷(穀), 姜(薑), 几(幾), 只(衹, 祇, 隻), 干(乾, 幹)

⑤ 새로 만들어낸 글자

a.해방자(解放字)(항일전쟁 중 공산당지구에서 쓰던 간체자)
队(隊), 阶(階), 击(擊), 拥(擁), 护(護)

b.50년대 이후 민중들이 새로 만들어낸 글자
讲(講), 币(幣), 彻(徹), 进(進), 论(論), 丛(叢), 关(關), 态(態), 灵(靈), 义(義), 兰(蘭)

⑥ 간단한 부호로 본래의 복잡한 필획이나 편방을 대체한 경우

汉(漢), 鸡(鷄), 对(對), 轰(轟), 协(協)

7. 혼동하기 쉬운 한자

(1) 동자이음(同字異音)

동자이음(同字異音) 현상이란 하나의 한자가 두 가지 이상의 음을 가진 경우를 말한다. 같은 한자이지만 서로 다른 단어 내에서 각각의 의미소(意味素)로 쓰일 경우 독음(讀音)이 달라질 수 있다. 언어(言語)는 습관(習慣)이다. 동자이음(同字異音) 현상은 오랜 시간 동안 선조(先祖)들이 한자로 문자생활을 영위하면서 만들어진 일종의 습관인 셈이다. 따라서 개별 단어에 따라 달라지는 독음은 각각의 의미소가 갖는 뜻을 숙지하여 상황에 맞도록 읽어야 한다.

降: 내릴 강 昇降(승강)
항복할 항 降伏(항복)

更: 다시 갱 更生(갱생)
고칠 경 更新(경신)

車: 수레 거 車馬(거마)
수레 차 車庫(차고)

乾: 하늘 건 乾坤(건곤)
마를 건, 간 乾淨(간정)

見: 볼 견 見聞(견문)
드러날 현 見齒(현치)
뵈올 현 謁見(알현)

契: 맺을 계 契約(계약)
나라이름 글 契丹(글안)

告: 알릴 고 告白(고백)
뵙고청할 곡 出必告(출필곡)

龜: 땅이름 구 龜浦(구포)
거북 귀 龜鑑(귀감)
터질 균 龜裂(균열)

句: 글귀 구 句讀(구독)
귀절 귀 句節(귀절)

金: 쇠 금 金屬(금속)
성 김 金氏(김씨)

豈: 어찌 기 豈敢(기감)
승전악 개 豈樂(개락)

內: 안 내 內外(내외)
女官 나 內人(나인)

奈: 어찌 내 奈何(내하)
어찌 나 奈落(나락)

茶: 차 다 茶菓(다과)
차 차 茶禮(차례)

丹: 붉을 단　丹楓(단풍)
　꽃이름 란　牡丹(모란)
　나라이름 안　契丹(글안)

度: 법 도　制度(제도)
　헤아릴 탁　度地(탁지)

糖: 엿 당　糖分(당분)
　엿 탕　砂糖(사탕)

讀: 읽을 독　讀書(독서)
　구절 두　吏讀(이두)

洞: 마을 동　洞里(동리)
　통할 통　洞察(통찰)

樂: 즐길 락　樂園(낙원)
　풍류 악　音樂(음악)
　좋아할 요　樂山樂水(요산요수)

率: 비율 률　能率(능률)
　거느릴 솔　引率(인솔)

反: 돌이킬 반　反擊(반격)
　뒤칠 번　反沓(번답)

復: 회복할 복　回復(회복)
　다시 부　復活(부활)

否: 아닐 부　可否(가부)
　막힐 비　否塞(비색)

北: 북녘 북　南北(남북)
　달아날 배　敗北(패배)

不: 아닐 불　不利(불리)
　아닐 부　不當(부당)

寺: 절 사　寺院(사원)
　내시 시　寺人(시인)

殺: 죽일 살　殺生(살생)
　감할 쇄　減殺(감쇄)

塞: 변방 새　要塞(요새)
　막을 색　塞源(색원)

索: 찾을 색　索引(색인)
　동아줄 삭　索寞(삭막)

省: 살필 성　反省(반성)
　덜 생　省略(생략)

說: 말씀 설　說敎(설교)
　달랠 세　遊說(유세)
　기쁠 열　說喜(열희)

泄: 샐 설　漏泄(누설)
　흩어질 예　泄泄(예예)

衰: 쇠할 쇠　衰弱(쇠약)
　상복 최　齋衰(재최)

數: 셀 수　數學(수학)
자주 삭　頻數(빈삭)
촘촘할 촉　數罟(촉고)

宿: 잘 숙　宿食(숙식)
별자리 수　星宿(성수)

拾: 주을 습　拾得(습득)
열 십　拾萬(십만)

氏: 성 씨　姓氏(성씨)
나라이름 지　月氏(월지)

食: 먹을 식　飮食(음식)
밥 사　疏食(소사)

識: 알 식　知識(지식)
기록할 지　標識(표지)

什: 열 십　什長(십장)
세간 집　什器(집기)

惡: 악할 악　善惡(선악)
미워할 오　憎惡(증오)

若: 같을 약　若干(약간)
땅이름 야　般若經(반야경)

易: 바꿀 역　交易(교역)
쉬울 이　容易(용이)

厭: 싫을 염　厭世(염세)
덮을 엄　厭然(엄연)
누를 엽　厭勝(엽승)

葉: 입사귀 엽　落葉(낙엽)
성 섭　葉氏(섭씨)

咽: 목구멍 인　咽喉(인후)
목멜 열　嗚咽(오열)

刺: 찌를 자　刺客(자객)
찌를 척　刺殺(척살)

狀: 형상 상　狀態(상태)
문서 장　賞狀(상장)

著: 나타낼 저　著述(저술)
붙을 착　著色(착색)

切: 끊을 절　切斷(절단)
모두 체　一切(일체)

齊: 가지런할 제　整齊(정제)
재계할 재　齋戒(재계)

辰: 별 진　辰宿(진수)
때 신　生辰(생신)

差: 어긋날 차　差異(차이)
층질 치　參差(참치)

參: 참여할 참　　參拜(참배)
　석 삼　　參萬(삼만)

拓: 열 척　　開拓(개척)
　밀칠 탁　　拓本(탁본)

推: 밀 추　　推測(추측)
　밀 퇴　　推敲(퇴고)

則: 법 칙　　規則(규칙)
　곧 즉　　然則(연즉)

沈: 잠길 침　　沈沒(침몰)
　성 심　　沈氏(심씨)

宅: 집 택　　住宅(주택)
　댁 댁　　宅內(댁내)

暴: 사나울 폭　　暴徒(폭도)
　사나울 포　　暴惡(포악)

便: 편할 편　　便利(편리)
　오줌 변　　便所(변소)

幅: 폭 폭　　大幅(대폭)
　폭 복　　幅巾(복건)

合: 합할 합　　合邦(합방)
　홉 흡　　五合(오흡)

行: 다닐 행　　行路(행로)
　항렬 항　　行列(항렬)

畵: 그림 화　　圖畵(도화)
　그을 획　　畵順(획순)

廓: 클 화　　廓正(확정)
　둘레 곽　　胸廓(흉곽)

活: 살 활　　生活(생활)
　물소리 괄　　活活(괄괄)

滑: 미끄러울 활　　圓滑(원활)
　어지러울 골　　滑稽(골계)

(2) 모양이 닮은 한자

글자의 모양이 유사하여 간혹 혼동을 유발하는 경우이다. 정확히 구별하여 사용해야 한다.

各(각): 各種(각종)
名(명): 姓名(성명)

間(간): 間接(간접)
問(문): 質問(질문)

甲(갑): 甲兵(갑병)
申(신): 申告(신고)

開(개): 開閉(개폐)
聞(문): 見聞(견문)

閉(폐): 閉門(폐문)
閑(한): 閑暇(한가)

標(표): 標識(표지)
漂(표): 漂流(표류)

何(하): 如何(여하)
河(하): 河川(하천)

恨(한): 恨歎(한탄)
限(한): 限定(한정)

享(향): 享樂(향락)
亨(형): 亨通(형통)

弦(현): 弦月(현월)
絃(현): 絃樂(현악)

形(형): 形象(형상)
刑(형): 刑罰(형벌)

毫(호): 秋毫(추호)
豪(호): 豪傑(호걸)

浩(호): 浩然(호연)
活(활): 生活(생활)

巨(거): 巨大(거대)
臣(신): 臣下(신하)

佳(가): 佳作(가작)
住(주): 住宅(주택)
往(왕): 往來(왕래)

決(결): 決定(결정)
快(쾌): 快樂(쾌락)

卷(권): 卷數(권수)
券(권): 福券(복권)

斤(근): 斤量(근량)
斥(척): 排斥(배척)

今(금): 今年(금년)
令(령): 命令(명령)

起(기): 起床(기상)
赴(부): 赴任(부임)

技(기): 技術(기술)
枝(지): 枝葉(지엽)

檀(단): 檀君(단군)
壇(단): 祭壇(제단)

刀(도): 短刀(단도)
力(력): 體力(체력)

土(토): 土地(토지)
士(사): 技士(기사)

乙(을): 甲乙(갑을)
己(기): 自己(자기)
巳(사): 乙巳(을사)
已(이): 已往(이왕)

寸(촌): 寸刻(촌각)
才(재): 秀才(수재)

小(소): 大小(대소)
少(소): 多少(다소)

九(구): 九年(구년)
丸(환): 丸藥(환약)

拘(구): 拘束(구속)
狗(구): 走狗(주구)

句(구): 句節(구절)
旬(순): 下旬(하순)

干(간): 干城(간성)
于(우): 于今(우금)
千(천): 千里(천리)

具(구): 具備(구비)
貝(패): 貝物(패물)

氏(씨): 氏族(씨족)
民(민): 民衆(민중)

幻(환): 幻想(환상)
幼(유): 幼年(유년)

日(일): 來日(내일)
曰(왈): 曰字(왈자)

王(왕): 王國(왕국)
玉(옥): 玉石(옥석)
壬(임): 壬午(임오)

搖(요): 搖動(요동)
遙(요): 遙遠(요원)
謠(요): 民謠(민요)

油(유): 石油(석유)
抽(추): 抽象(추상)

瓦(와): 瓦解(와해)
互(호): 相互(상호)

予(여): 予曰(여왈)
矛(모): 矛盾(모순)

禾(화): 禾尺(화척)
夭(요): 夭折(요절)

木(목): 苗木(묘목)
本(본): 本國(본국)

功(공): 功過(공과)
切(절): 一切(일절)
巧(교): 巧妙(교묘)

母(모): 母女(모녀)
毋(무): 毋論(무론)

天(천): 天池(천지)
夫(부): 夫婦(부부)

太(태): 太平(태평)
犬(견): 犬猫(견묘)
大(대): 大小(대소)
丈(장): 丈夫(장부)

戊(무): 戊午(무오)
戍(수): 戍樓(수루)

代(대): 代理(대리)
伐(벌): 征伐(정벌)
戌(술): 庚戌(경술)

旦(단): 元旦(원단)
且(차): 況且(황차)

堂(당): 堂號(당호)
當(당): 當否(당부)

挑(도): 挑發(도발)
桃(도): 桃李(도리)

刊(간): 刊行(간행)
刑(형): 體刑(체형)

史(사): 史觀(사관)
吏(리): 官吏(관리)

眠(면): 冬眠(동면)
眼(안): 眼目(안목)

未(미): 未亡人(미망인)
末(말): 終末(종말)

氷(빙): 氷庫(빙고)
水(수): 食水(식수)
永(영): 永遠(영원)

矢(시): 弓矢(궁시)
失(실): 失敗(실패)

人(인): 人口(인구)
入(입): 入口(입구)
八(팔): 八道(팔도)

皿(명): 器皿(기명)
血(혈): 血氣(혈기)

營(영): 營業(영업)
螢(형): 螢光(형광)

早(조): 早退(조퇴)
旱(한): 旱魃(한발)

陳(진): 陳列(진열)
陣(진): 陣營(진영)

亦(역): 亦是(역시)
赤(적): 赤字(적자)

李(리): 李朝(이조)
季(계): 季節(계절)

戀(련): 戀慕(연모)
蠻(만): 蠻勇(만용)

辛(신): 艱辛(간신)
幸(행): 幸福(행복)

深(심): 深海(심해)
探(탐): 探索(탐색)

冶(야): 陶冶(도야)
治(치): 政治(정치)

廷(정): 朝廷(조정)
延(연): 延期(연기)

含(함): 包含(포함)
舍(사): 寄宿舍(기숙사)

兎(토): 兎鼈(토별)

免(면): 免除(면제)

攻(공): 攻擊(공격)
改(개): 改訂(개정)

說(설): 說明(설명)
設(설): 設備(설비)

性(성): 性格(성격)
姓(성): 姓名(성명)

卦(괘): 占卦(점괘)
封(봉): 封套(봉투)

宜(의): 便宜(편의)
宣(선): 宣傳(선전)

味(미): 味覺(미각)
昧(매): 三昧(삼매)

侍(시): 侍女(시녀)
待(대): 期待(기대)
持(지): 矜持(긍지)
特(특): 特性(특성)

官(관): 官僚(관료)
宮(궁): 宮女(궁녀)

兩(량): 兩班(양반)
雨(우): 降雨(강우)

思(사): 思惟(사유)
恩(은): 恩寵(은총)

柴(시): 柴門(시문)
紫(자): 紫色(자색)

俗(속): 風俗(풍속)
浴(욕): 沐浴(목욕)

侵(침): 侵略(침략)
浸(침): 浸透(침투)

津(진): 正東津(정동진)
律(률): 法律(법률)

栗(률): 生栗(생률)
粟(속): 粟米(속미)

促(촉): 督促(독촉)
捉(착): 捕捉(포착)

客(객): 客地(객지)
容(용): 容納(용납)

孤(고): 孤高(고고)

狐(호): 狐臭(호취)
弧(호): 括弧(괄호)

考(고): 叅考(참고)
老(로): 老人(노인)

怒(노): 憤怒(분노)
恕(서): 容恕(용서)

明(명): 光明(광명)
朋(붕): 朋友(붕우)

募(모): 募集(모집)
暮(모): 暮雪(모설)
墓(묘): 墓地(묘지)

雪(설): 白雪(백설)
雲(운): 雲集(운집)

須(수): 必須(필수)
順(순): 順序(순서)

哀(애): 哀歡(애환)
衷(충): 衷情(충정)
衰(쇠): 盛衰(성쇠)

計(계): 計算(계산)
訃(부): 訃告(부고)

侯(후): 侯爵(후작)
候(후): 氣候(기후)

科(과): 科目(과목)
料(료): 原料(원료)

奏(주): 演奏(연주)
秦(진): 秦國(진국)

重(중): 體重(체중)
童(동): 童詩(동시)

奉(봉): 奉仕(봉사)
泰(태): 泰斗(태두)

郎(랑): 新郎(신랑)
朗(랑): 明朗(명랑)

城(성): 宮城(궁성)
域(역): 地域(지역)

苦(고): 苦悶(고민)
若(약): 萬若(만약)

困(곤): 疲困(피곤)
囚(수): 囚人(수인)
因(인): 因習(인습)

紀(기): 紀念(기념)
記(기): 記錄(기록)

侮(모): 侮辱(모욕)
悔(회): 懺悔(참회)

帥(수): 將帥(장수)
師(사): 師表(사표)

拾(습): 拾得(습득)
捨(사): 取捨(취사)

柱(주): 支柱(지주)
桂(계): 桂樹(계수)

粉(분);粉食(분식)
紛(분): 紛糾(분규)

分(분): 分數(분수)
兮(혜): 耶兮(야혜)

佛(불): 佛敎(불교)
拂(불): 拂子(불자)

捐(연): 捐金(연금)
損(손): 損害(손해)

栽(재): 栽培(재배)
裁(재): 裁縫(재봉)

漸(점): 漸次(점차)
慚(참): 無慚(무참)

情(정): 感情(감정)
淸(청): 淸潔(청결)

燥(조): 乾燥(건조)
操(조): 操縱(조종)

爪(조): 爪甲(조갑)
瓜(과): 瓜菜(과채)

徑(경): 捷徑(첩경)
經(경): 經濟(경제)

旅(려): 旅行(여행)
族(족): 民族(민족)

租(조): 租稅(조세)
祖(조);先祖(선조)

峰(봉): 千峰(천봉)
蜂(봉): 養蜂(양봉)
烽(봉): 烽火(봉화)

北(북): 北方(북방)
比(비): 比例(비례)
此(차): 此後(차후)

憤(분): 憤怒(분노)
墳(분): 墳墓(분묘)

婢(비): 奴婢(노비)
碑(비): 碑石(비석)

賣(매): 販賣(판매)
買(매): 購買(구매)

隋(수): 隋唐(수당)
隨(수): 隨筆(수필)

卿(경): 樞機卿(추기경)
鄕(향): 望鄕(망향)

薄(박): 薄氷(박빙)
簿(부): 名簿(명부)

復(복): 回復(회복)
複(복): 複合(복합)

傅(부): 師傅(사부)
傳(전): 傳統(전통)

截(절): 截頭(절두)

載(재): 記載(기재)

戴(대): 戴冠式(대관식)

捕(포): 捕虜(포로)

補(보): 補充(보충)

烏(오): 烏鵲橋(오작교)

鳥(조): 鳥類(조류)

島(도): 島民(도민)

徒(도): 學徒(학도)

徙(사): 移徙(이사)

郡(군): 郡廳(군청)

群(군): 群衆(군중)

埋(매): 埋葬(매장)

理(리): 理論(이론)

析(석): 分析(분석)

折(절): 屈折(굴절)

如(여): 如意(여의)

奴(노): 奴婢(노비)

好(호): 好感(호감)

與(여): 授與(수여)

興(흥): 興亡(흥망)

偏(편): 偏見(편견)

編(편): 編輯(편집)

側(측): 側近(측근)

測(측): 豫測(예측)

晝(주): 晝夜(주야)

書(서): 書藝(서예)

畵(화): 畵家(화가)

頃(경): 頃刻(경각)

項(항): 項目(항목)

頂(정): 頂上(정상)

逐(축): 驅逐(구축)

遂(수): 完遂(완수)

貧(빈): 貧富(빈부)

貪(탐): 貪慾(탐욕)

密(밀): 秘密(비밀)

蜜(밀): 蜜語(밀어)

堆(퇴): 堆積(퇴적)

推(추): 推薦(추천)

欺(기): 詐欺(사기)

期(기): 期限(기한)

晴(청): 快晴(쾌청)

睛(정): 點睛(점정)

勝(승): 優勝(우승)

謄(등): 謄本(등본)

騰(등): 急騰(급등)

減(감): 減少(감소)

滅(멸): 滅種(멸종)

喘(천): 喘息(천식)

端(단): 端緖(단서)

瑞(서): 祥瑞(상서)

場(장): 現場(현장)

揚(양): 揭揚(게양)

楊(양): 楊柳(양류)

堤(제): 堤防(제방)

提(제): 提携(제휴)

微(미): 微弱(미약)

徵(징): 特徵(특징)

幹(간): 幹部(간부)

斡(알): 斡旋(알선)

稗(패): 稗官(패관)
裨(비): 補裨(보비)

葉(엽): 落葉(낙엽)
棄(기): 棄權(기권)

嫡(적): 嫡庶(적서)
摘(적): 摘要(적요)

溢(일): 海溢(해일)
隘(애): 隘路(애로)

綱(강): 紀綱(기강)
網(망): 漁網(어망)

僕(복): 奴僕(노복)
撲(박): 撲滅(박멸)

奪(탈): 剝奪(박탈)
奮(분): 興奮(흥분)

滴(적): 硯滴(연적)
謫(적): 謫所(적소)

僧(승): 僧侶(승려)
憎(증): 憎惡(증오)

齊(제): 一齊(일제)

齋(재): 書齋(서재)

儉(검): 儉素(검소)
險(험): 危險(위험)

綿(면): 綿織物(면직물)
錦(금): 錦繡(금수)

衝(충): 衝突(충돌)
衡(형): 平衡(평형)

遣(견): 派遣(파견)
遺(유): 遺物(유물)

墜(추): 墜落(추락)
墮(타): 墮落(타락)

彈(탄): 砲彈(포탄)
憚(탄): 忌憚(기탄)

曆(력): 陰曆(음력)
歷(력): 經歷(경력)

億(억): 億萬(억만)
憶(억): 追憶(추억)

隣(린): 善隣(선린)
憐(련): 憐憫(연민)

幕(막): 天幕(천막)
慕(모): 追慕(추모)

漫(만): 漫評(만평)
慢(만): 慢心(만심)

議(의): 論議(논의)
儀(의): 儀式(의식)
犧(희): 犧牲(희생)

僑(교): 僑胞(교포)
嬌(교): 愛嬌(애교)
橋(교): 橋梁(교량)

矯(교): 矯正(교정)
驕(교): 驕慢(교만)
轎(교): 轎子(교자)

慮(려): 思慮(사려)
盧(로): 胡盧(호로)

獨(독): 獨島(독도)
燭(촉): 華燭(화촉)
濁(탁): 濁流(탁류)

弊(폐): 民弊(민폐)
幣(폐): 幣帛(폐백)

罹(리): 罹災(이재)
羅(라): 新羅(신라)

凝(응): 凝視(응시)
擬(의): 模擬(모의)

積(적): 積善(적선)
績(적): 業績(업적)
蹟(적): 遺蹟(유적)

壁(벽): 障壁(장벽)
璧(벽): 完璧(완벽)

濤(도): 波濤(파도)
禱(도): 祝禱(축도)

墾(간): 開墾(개간)
懇(간): 懇曲(간곡)

獲(획): 獲得(획득)
穫(확): 收穫(수확)

警(경): 警察(경찰)
驚(경): 驚歎(경탄)

勸(권): 勸奬(권장)
歡(환): 歡樂(환락)

燮(섭): 燮理(섭리)
變(변): 急變(급변)

嗚(오): 嗚咽(오열)
鳴(명): 共鳴(공명)

午(오): 午前(오전)
牛(우): 牛馬(우마)

祿(록): 俸祿(봉록)
綠(록): 草綠(초록)

錄(록): 記錄(기록)
緣(연): 因緣(인연)

陸(륙): 陸地(육지)
睦(목): 和睦(화목)

壞(괴): 破壞(파괴)
懷(회): 懷抱(회포)
壤(양): 土壤(토양)

蕭(소): 蕭瑟(소슬)
簫(소): 簫笛(소적)

贖(속): 贖罪(속죄)
續(속): 繼續(계속)

歎(탄): 歎息(탄식)
歡(환): 歡呼(환호)

黑(흑): 黑幕(흑막)
墨(묵): 墨畵(묵화)

(3) 음이 같으면서 뜻이 다른 숙어

서로 전혀 다른 의미의 단어로서 내부 의미소(意味素)로 사용된 글자도 다르다. 다만 우리 한자음(漢字音)으로 읽을 때 같은 발음이 나는 경우이다. 이는 언어가 끊임없이 변화하고 진화하는 속성에 따라 중국의 한자음이 수천 년을 지나며 음가(音價)가 변해왔기 때문이며, 그러나 한국 한자음은 훈민정음(訓民正音) 창제 이후 음가(音價)가 고착되어 변화되지 않았기 때문이다. 의미의 구별은 일반적으로 첫 번째 의미소 글자의 장단음으로 구별한다. 즉 길게 읽는 경우와 짧게 읽는 경우의 차이에 따라 의미를 구별하여 사용한다.

감사: 感謝 고맙게 여김, 또는 그런 마음.
　　監査 법적 권한이 있는 기관이 단체나 조직의 업무 상황을 감독하고 조사함.

고대: 古代 먼 옛날.
　　苦待 몹시 기다림.

고적: 孤寂 외롭고 쓸쓸함.
　　古蹟 옛 시설이 있던 자리. 남아 있는 옛날의 물건이나 건물.

공복: 空腹 음식물이 모두 소화되어 뱃속이 비어 있는 상태, 또는 그 배.
　　公僕 공무원을 '공공사회의 심부름꾼'이란 뜻으로 이르는 말.

교정: 校庭 학교의 뜰이나 운동장.
　　校正 책을 내기 위하여 글자나 부호, 배열, 색채 따위의 잘못된 곳을 바로잡아 고침.

근간: 近刊 최근에 출판하였거나 곧 출판됨, 또는 그런 간행물.
　　根幹 사물의 본바탕이나 중심.

금수: 錦繡 수를 놓은 비단. 또는 화려한 옷이나 직물.
　　禽獸 인간으로서 할 수 없는 추잡하고 나쁜 행실을 하는 사람을 비유적으로 이르는 말.

기도: 企圖 어떤 일을 이루려고 꾀하거나 계획함.

祈禱 신이나 절대적 존재에게 바라는 바가 이루어지기를 빎, 또는 그 의식.

기사: 記事 신문, 잡지 등에 실린 어떠한 사실을 알리는 글.

技士 전문적 기능을 가지고 있거나, 특정한 기계를 다루는 기술이 있는 사람.

기호: 記號 어떠한 뜻을 나타내거나 사물을 지시하기 위해 쓰이는 부호, 그림, 문자 따위를 통틀어 이르는 말.

嗜好 무엇을 즐기고 좋아하는 일, 또는 그런 취미.

녹음: 錄音 나중에 그대로 다시 들을 수 있도록 소리를 녹음테이프 따위의 저장매체에 담음. 또는 그 저장한 소리.

綠陰 잎이 푸르게 우거진 숲, 또는 그 숲의 그늘.

농담: 弄談 실없이 장난으로 하는 말.

濃淡 색채나 명암 따위의 짙고 옅은 정도.

단서: 端緖 어떤 일이나 사건 따위를 풀어 나갈 수 있는 실마리.

但書 법률의 조문이나 문서 따위에서, 본문의 다음에 그에 대한 어떤 조건이나 예외를 덧붙여 쓴 글.

단정: 端正 자세나 태도가 바르고 얌전함.

斷定 어떤 사실에 대해서 딱 잘라 판단하거나 결정을 내림.

단지: 但只 (주로 '뿐', '따름', '만' 등과 함께 쓰여) 다른 것이 아니라 오로지.

團地 주택, 공장, 작물 재배지 등을 계획적이며 집단적으로 만들어 놓은 곳.

답사: 答辭 식장에서 식사나 축사, 환영사, 환송사 따위에 답례로 말함. 또는 그 답례하는 말.

踏査 실제로 어떤 일이나 사건이 일어났거나 일어나고 있는 곳에 가서 보고 조사함.

대사: 大事 크고 중요한 일.

大使 한 나라를 대표하여 다른 나라에 파견되어 주재(駐在)하면서 의교 교섭을 하며 자국민에 대한 보호와 감독의 임무를 수행하는 제1급 외교사절.

臺詞 무대 위에서 각본에 따라 배우가 연극 중에 하는 말.

동정: 同情 남의 어려운 처지를 자기 일처럼 알아주거나 가엾게 여기는 마음.

動靜 일이나 현상이 움직이거나 벌어지는 낌새.

동지: 同志 목적이나 뜻을 같이하여 의지가 투철한 사람.

冬至 일 년 중 낮이 가장 짧고 밤이 가장 길다는 날. 24절기(節氣)의 하나로 대설(大雪)과 소한(小寒) 사이에 있다. 춘분점을 기준으로 하여 태양이 황도(黃道)의 270도에 이르는 때로 양력 12월 22일경이다.

동화: 童話 동심(童心)을 바탕으로 하여, 어린이를 위해 쓴 산문문학의 한 갈래.

同化 본디 성질이나 성격이 다르던 것이 서로 같게 됨.

면직: 免職 공무원이나 회사원 등을 그 일자리나 직위에서 물러나게 함.

綿織 무명실로 짠 피륙을 통틀어 이르는 말.

발전: 發展 일이 어떤 방향으로 전개됨.

發電 전기(電氣)를 일으킴. 전보(電報)를 쳐서 보냄.

방문: 訪問 어디를 찾아가 봄.

房門 방으로 드나드는 문.

보강: 補强 보태고 채워서 더 튼튼하게 함.

補講 결강(缺講)이나 휴강(休講)을 보충하여 강의함. 또는 그 강의.

보고: 報告 지시 또는 감독하는 자에게 주어진 일의 내용이나 결과 따위를 말이나 글로 알림.

寶庫 귀중한 물건을 간수해 두는 창고.

보급: 補給 모자라거나 떨어진 물자나 자금 따위를 대줌.
普及 널리 펴서 골고루 알리거나 사용하게 함.

보도: 報道 신문이나 방송으로 나라 안팎의 새로운 소식을 일반에게 널리 알림. 또는 그 소식.
步道 큰길의 차도 옆이나 대지 사이에 낸, 사람이 통행하는 길.

부상: 負傷 몸에 상처를 입음.
副賞 정식으로 주는 상 이외에 별도로 덧붙여 주는 상금이나 상품.

부인: 婦人 결혼한 여자.
否認 어떤 사실을 그렇다고 인정하지 않음.

부정: 不正 바르지 않거나 옳지 못함.
否定 옳지 않다고 반대함.

불화: 不和 서로 관계가 좋지 아니하거나 좋지 않게 지냄.
佛畵 불교에 관한 그림.

비명: 悲鳴 슬피 욺. 또는 그 소리.
碑銘 비(碑)에 새긴 글.

비보: 悲報 슬픈 소식.
飛報 일의 내용이나 결과를 매우 빨리 알림. 또는 그러한 보고.

비행: 飛行 비행기 따위가 공중으로 날아가거나 날아다님.
非行 잘못되거나 그릇된 행위.

사고: 事故 평시(平時)에 있지 아니하는 뜻밖의 사건. 어떠한 일의 원인이나 이유.
思考 무엇을 헤아리고 판단하고 궁리함.

사수: 死守 죽음을 무릅쓰고 지킴.

射手 대포나 총, 활 따위를 쏘는 사람.

사은: 師恩 스승의 은혜.

謝恩 받은 은혜에 대하여 감사하게 여겨 사례함.

사전: 辭典 어휘를 모아 일정한 순서로 배열하여 싣고 그 표기법, 발음, 어원, 의미, 용법 따위를 설명한 책.

事前 무슨 일이 일어나기 전, 또는 무슨 일을 시작하기 전.

사정: 事情 일의 형편이나 그렇게 된 까닭을 말하고 무엇을 간청함.

査正 그릇된 것을 조사하여 바로잡음.

산수: 山水 산에서 흘러내리는 물.

算數 일상생활에 실제로 응용할 수 있는 수와 양의 간단한 성질 및 셈을 다루는 수학적 계산 방법.

상가: 商街 상점들이 많이 늘어서 있는 거리.

喪家 초상(初喪)난 집.

상술: 商術 장사하는 솜씨나 꾀.

詳述 자세히 설명하여 말함.

상품: 上品 질이 좋은 물품.

商品 사고파는 물건이나 재화.

상호: 相互 관계되는 둘 이상의 사이에서 이쪽과 저쪽이 같이.

商號 상인이 영업을 할 때 자기 상점이나 회사를 표시하기 위하여 쓰는 이름.

성대: 聲帶 소리를 내는 기관(器官). 후두(喉頭)의 중앙부에 있는 두 줄의 인대(靭帶)로서, 신축이 자유롭고 폐에서 배출되는 공기에 의하여 진동되어 소리가 난다.

盛大 집회나 예식 따위에서 그 기세 따위가 크고 훌륭함.

소원: 所願 바라고 원함. 또는 바라고 원하는 일.

疎遠 지내는 사이가 두텁지 않고 버성김. 서먹서먹함.

수도: 水道 음료수 등으로 쓸 물을 땅 밑의 관으로 보내는 시설이나 설비.

首都 한 나라의 중앙정부가 있는 곳.

수면: 水面 물의 표면.

睡眠 활동을 쉬고 있는 상태를 비유적으로 이르는 말.

수상: 首相 내각의 최고 책임자, 또는 그 직위. 의원 내각제에서는 다수당의 우두머리가 수상이 되는 것이 일반적이다.

受賞 상을 받음.

수석: 首席 석차 따위에서 제일 으뜸.

壽石 형태나 색채, 무늬 등이 묘하고 아름다운, 관상용의 자연석.

수습: 修習 학업이나 실무 따위를 배워 익힘.

收拾 어수선한 사태나 산란한 마음을 가라앉혀 바로잡음.

수신: 修身 마음을 착하게 하고 생활을 바르게 하기 위해 마음과 몸을 닦음.

受信 은행 따위의 금융 기관이 거래하고 있는 다른 금융 기관이나 일반인에게서 받는 신용.

수행: 修行 행실, 학문, 기예 등을 높은 수준으로 올리기 위해 스스로 연마함.

遂行 생각하거나 계획한 대로 일을 해냄.

습득: 習得 학문이나 기술 따위를 배워서 몸에 익힘.

拾得 다른 사람이 잃어 버린 물건 따위를 주워서 얻음.

시상: 施賞 상장이나 상금, 상품 따위를 줌.

詩想 시에 나타난 사상이나 감정.

시인: 是認 어떤 사실을 옳다거나 그러하다고 인정함.

詩人 시를 짓는 사람, 또는 일반적으로 시를 써서 문단의 공인을 받고, 그 일을 전문적으로 하는 사람.

신축: 新築 건물 따위를 새로 지음.

伸縮 늘고 줆. 또는 늘이고 줄임.

실수: 失手 부주의로 잘못을 저지름. 또는 그 잘못.

實數 실제의 수효.

실정: 實情 실제의 사정이나 정세.

失政 정치를 잘못함. 또는 잘못된 정치.

연장: 年長 서로 비교하였을 때, 나이가 더 많음. 또는 그런 사람.

延長 서로 다른 사물이나 일의 의미가 밀접하여 연속적으로 이어짐.

염증: 厭症 달갑지 않게 여기는 생각.

炎症 생체조직이 손상을 입었을 때 체내에서 일어나는 방어적 반응.

우수: 優秀 여럿 가운데 뛰어나고 빼어남.

憂愁 마음이나 분위기가 시름에 싸인 상태.

우열: 優劣 나음과 못함.

愚劣 어리석고 못남.

원수: 怨讐 자기나 자기집에 해를 입혀 원한이 맺히게 된 사람이나 집단.

元首 국제법상 외국에 대하여 그 나라를 대표하는 자격을 갖는 사람.

위장: 胃腸 위와 창자를 아울러 이르는 말.

僞裝 남을 속이고자 본래의 태도나 모습이 드러나지 않도록 가리거나 꾸밈. 또는 그러한 수단이나 방법.

유지: 有志 어떤 일에 뜻이 있거나 관심이 있는 사람.

維持 어떤 상태를 지탱하여 나가거나 이어 감.

油脂 글리세린의 지방산 에스터의 하나. 단백질, 탄수화물과 함께 생물체의 주요 성분이다. 상온에서 액체인 것을 기름 또는 지방유(脂肪油)라고 하며 고체인 것을 지방(脂肪)이라고 한다. 용도는 식용과 공업용이며, 공업용은 비누, 도료, 의약품, 화장품, 윤활유 따위를 만드는 데에 쓴다.

유치: 幼稚 사람의 생각이나 행위, 또는 그 결과물이 격에 맞지 않을 만큼 수준이 낮아 얕볼 만한 상태. 또는 나이가 어린 유아(幼兒)의 단계.

留置 머물러 둠. 사람이나 물건(物件)을 일정(一定)한 지배(支配) 아래 둠.

유학: 留學 외국에 가서 공부함.

儒學 중국의 공자(孔子)를 시조(始祖)로 하고 그의 가르침을 근본으로 삼는 전통적인 학문. (堯)임금, 순(舜)임금으로부터 주왕(周王)에 이르는 성천자(聖天子)를 이상으로 하고, 인(仁)과 예(禮)를 근본 개념으로 하여, 수신(修身)에서 비롯하여 제가(齊家), 치국평천하(治國平天下)에 이르는 실천을 중심 과제로 한다. 경전으로는 <역경(易經)>, <서경(書經)> 등이 있다.

의구: 依舊 옛 모양과 변함 없음.

疑懼 의심하고 두려워함.

의사: 義士 의협심이 있고 절의(節義)를 지키는 사람.

意思 무엇을 하고자 하는 생각.

이성: 理性 개념적으로 사유하는 능력을 감각적 능력에 상대하여 이르는 말.

異性 성질이 다름. 또는 다른 성질.

이해: 理解 사물의 본질과 내용 따위를 분별하거나 해석함.

利害 이익과 손해.

인도: 引導 정신적, 사상적, 정서적으로 지도하여 이끎. 또는 깨우치게 함.

人道 큰길의 차도 옆이나 대지 사이에 낸, 사람이 통행하는 길.

인명: 人命 사람의 목숨.

人名 사람의 이름.

인상: 引上 어떤 물체를 위로 끌어올림.

印象 어떤 대상을 보거나 듣거나 했을 때 그것이 사람의 마음에 주는 느낌이나 그 작용.

자비: 自費 필요한 비용을 자기 스스로가 부담하는 것. 또는 그 비용.

慈悲 크게 사랑하고 가엾게 여김.

자원: 自願 스스로 원하여 어떤 일을 하거나 조직체에 들어 가고자 나섬.

資源 인간의 생활 및 경제 생산에 이용되는 물적 자료 및 노동력, 기술 등을 통틀어 이르는 말.

장관: 長官 국무(國務)를 맡아보는 행정 각 부의 가장 높은 직위에 있는 사람.

壯觀 구경거리가 될 만하거나 꼴이 볼 만하다는 뜻으로, 남의 상태나 행동거지를 얕잡아 이르는 말.

장부: 丈夫 다 자란 건장한 남자.

帳簿 돈이나 물건의 수입과 지출을 기록하는 책.

재고: 再考 어떤 대상이나 사실에 대하여 다시 생각하여 헤아림.

在庫 창고에 쌓여 있음.

재화: 財貨 돈과 값나가는 물건.

災禍 재앙(災殃)과 화난(禍難)을 아울러 이르는 말.

전기: 電氣 물질 안에 있는 전자 또는 공간에 있는 자유 전자나 이온들의 움직임 때문에 생기는 에너지의 한 형태. 음전기와 양전기 두 가지가 있는데, 같은 종류의 전기는 밀어 내고 다른 종류의 전기는 끌어당기는 힘이 있다.

傳記 한 개인의 생애와 활동, 업적 따위를 적은 기록.

전력: 全力 가지고 있는 모든 힘.

電力 전기장(電氣場)이 전하(電荷)에 작용하여 생기는 힘.

전례: 典例 말이나 행동 따위의 근거가 되는, 이전에 있던 사례.

前例 이전부터 있었던 사례.

전문: 全文 어떤 글의 전체.

專門 한 분야에 대해 풍부하고 깊이 있는 지식과 경험을 가지고 그 일만을 함. 또는 그 일이나 분야.

전시: 展示 책, 편지 따위를 펴서 봄. 또는 펴서 보임.

戰時 전쟁이 벌어진 때.

전원: 全員 전체 인원, 또는 어떤 구성원의 전체.

田園 도회지에서 떨어진 시골이나 교외.

전후: 前後 일정한 시점(時點)의 앞이나 뒤.

戰後 전쟁이 끝난 뒤. 특히 제2차 세계대전 후를 이른다.

정원: 定員 일정한 규정에 의하여 정해진 구성원 수.

庭園 집안의 뜰이나 꽃밭.

정전: 停電 공급되던 전기가 일시적으로 끊어짐.

停戰 전쟁 중인 나라들이 서로의 합의에 의해 일시적으로 전투를 중단하는 일.

조리: 條理 말이나 일 따위가 앞뒤가 들어맞고 체계가 서는 갈피.

調理 여러 가지 재료를 잘 맞추어 음식을 만듦.

조화: 調和 어긋나거나 부딪침이 없이 서로 고르게 잘 어울림.

造花 종이, 천, 비닐 등을 재료로 하여 인공적으로 만든 꽃.

주연: 主演 연극이나 영화에서 주인공으로 출연하는 일, 또는 그 역할을 맡은 사람.

酒筵 술을 마시고 노는 자리.

주의: 主義 한 개인이나 집단이 평소에 지니고 생활하는 일정한 신념 체계, 또는 그와 유사한 타성(惰性)의 경향을 비유적으로 이르는 말.

注意 특정한 일에 대한 경고나 충고로서 일깨움. 또는 그러한 말이나 행의.

준수: 俊秀 규칙 · 명령 등을 그대로 좇아서 지킴.

遵守 규칙이나 명령, 법률 등을 규정대로 따르거나 좇아서 지킴.

지구: 地球 인류가 살고 있는 천체. 태양계에 속하는 행성의 하나로, 태양의 세 번째 궤도를 돌며 달을 위성(衛星)으로 가지고 있다. 지각(地殼), 맨틀(mantle), 지핵(地核)의 세 부분으로 이루어져 있다.

持久 오랫동안 버텨 견딤.

지도: 地圖 지구 표면의 일부 또는 전체의 상태를 일정한 비율로 줄여서 평면상에 나타낸 그림.

指導 남을 어떤 목적이나 방향으로 가르치어 이끎.

지성: 知性 사물을 개념에 의하여 사고하거나 객관적으로 인식하고 판정하는 오성적(悟性的) 능력이나 그러한 정신의 기능. 광의(廣義)로는 감각적인 지각(知覺)작용까지를 포함한 인간의 인식능력을 가리킨다.

至誠 지극히 성실함.

지원: 支援 지지하여 도움.
志願 뜻을 두어 원함.

직선: 直線 곧은 선.
直選 선거인이 직접 피선거인을 뽑음.

천직: 天職 타고난 직업이나 직분.
賤職 낮고 천한 직업.
淸算 어떤 일이나 부정적인 요소 따위를 깨끗이 정리하여 결말을 지음.
靑山 풀과 나무가 무성한 푸른 산.

초대: 招待 잔치나 식사 때에 오기를 청하여 대접함.
初代 한 계통의 연대(年代)나 세대(世代)의 첫머리.

초상: 初喪 사람이 죽은 일.
肖像 그림 따위에 나타낸 사람의 얼굴과 모습.

축전: 祝典 축하하는 뜻으로 행하는 의식이나 행사.
祝電 축하의 뜻을 나타낸 전보(電報).

탈취: 奪取 남의 돈이나 물건 따위를 강제로 빼앗아 가짐.
脫臭 탈취제 등에 의해, 냄새를 빼어 없앰.

통화: 通貨 유통수단이나 지불수단으로서 기능하는 화폐. 본위 화폐, 은행권, 보조 화폐, 정부 지폐, 예금 통화 따위가 있다.
通話 전화로 말을 주고받음.

표지: 表紙 책의 겉장
標識 어떤 사물을 표하기 위한 표시나 특징

필적: 筆跡 어떤 사람이 써 놓은 글씨의 특징이나 그 생김새.
匹敵 힘이나 능력, 재주 따위가 서로 비슷하여 견줄 만함.

향수: 香水 화장품의 하나. 알코올에 향료를 섞어 만든 향기로운 액체.
鄕愁 타향에 있는 사람이 고향을 그리워하는 마음이나 그로 인해 생긴 시름.

혼수: 昏睡 정신없이 잠이 듦.
婚需 혼인할 때 필요한 물건의 품목.

(4) 상대적인 뜻을 가진 한자(反義字, 相對字)

한자 중 서로 반대의 의미를 갖거나 상대적인 뜻을 나타내는 글자를 말한다. 다 개의 경우이 두 자가 결합하여 새로운 하나의 한자어를 만든다.

加(더할 가) ⇔ 減(덜 감)
可(옳을 가) ⇔ 否(아닐 부)
强(강할 강) ⇔ 弱(약할 약)
剛(굳셀 강) ⇔ 柔(부드러울 유)
江(강 강) ⇔ 山(뫼 산)
開(열 개) ⇔ 閉(닫을 폐)
去(갈 거) ⇔ 來(올 래)
乾(하늘 건) ⇔ 坤(땅 곤)
乾(마를 건) ⇔ 濕(젖을 습)
輕(가벼울 경) ⇔ 重(무거울 중)
經(씨줄 경) ⇔ 緯(날줄 위)
慶(경사 경) ⇔ 弔(조상할 조)
京(서울 경) ⇔ 鄕(시골 향)
苦(쓸 고) ⇔ 樂(즐거울 락)
高(높을 고) ⇔ 低(낮을 저)

古(옛 고) ⇔ 今(이제 금)
姑(시어미 고) ⇔ 婦(며느리 부)
曲(굽을 곡) ⇔ 直(곧을 직)
功(공 공) ⇔ 過(허물 과)
攻(칠 공) ⇔ 防(막을 방)
公(공평할 공) ⇔ 私(사사 사)
供(이바지할 공) ⇔ 需(쓸 수)
官(벼슬 관) ⇔ 民(백성 민)
敎(가르칠 교) ⇔ 學(배울 학)
君(임금 군) ⇔ 臣(신하 신)
屈(굽을 굴) ⇔ 伸(펼 신)
弓(활 궁) ⇔ 矢(화살 시)
貴(귀할 귀) ⇔ 賤(천할 천)
近(가까울 근) ⇔ 遠(멀 원)
勤(부지런할 근) ⇔ 怠(게으를 태)

及(미칠 급) ⇔ 落(떨어질 락)
起(일어날 기) ⇔ 伏(엎드릴 복)
飢(주릴 기) ⇔ 飽(배부를 포)
吉(길할 길) ⇔ 凶(흉할 흉)
難(어려울 난) ⇔ 易(쉬울 이)
男(사내 남) ⇔ 女(계집 녀)
南(남녘 남) ⇔ 北(북녘 북)
內(안 내) ⇔ 外(바깥 외)
多(많을 다) ⇔ 寡(적을 과)
多(많을 다) ⇔ 少(적을 소)
單(홑 단) ⇔ 複(겹칠 복)
斷(끊을 단) ⇔ 續(이을 속)
當(당할 당) ⇔ 落(떨어질 락)
大(큰 대) ⇔ 小(작을 소)
貸(빌릴 대) ⇔ 借(빌 차)
都(도읍 도) ⇔ 農(농사 농)
東(동녘 동) ⇔ 西(서녘 서)
動(움직일 동) ⇔ 靜(고요할 정)
頭(머리 두) ⇔ 尾(꼬리 미)
鈍(둔할 둔) ⇔ 敏(민첩할 민)
得(얻을 득) ⇔ 失(잃을 실)
騰(오를 등) ⇔ 落(떨어질 락)
老(늙을 로) ⇔ 少(젊을 소)
陸(땅 륙) ⇔ 海(바다 해)
離(떠날 리) ⇔ 合(합할 합)
利(이로울 리) ⇔ 害(해할 해)
賣(팔 매) ⇔ 買(살 매)
明(밝을 명) ⇔ 暗(어두울 암)
母(어미 모) ⇔ 子(아들 자)

問(물을 문) ⇔ 答(답할 답)
文(글월 문) ⇔ 武(굳셀 무)무
文(글월 문) ⇔ 言(말씀 언)
美(아름다울 미) ⇔ 醜(더러울 추)
方(모 방) ⇔ 圓(둥글 원)
煩(번거로울 번) ⇔ 簡(간략할 간)
腹(배 복) ⇔ 背(등 배)
本(근본 본) ⇔ 末(끝 말)
逢(만날 봉) ⇔ 別(헤어질 별)
父(아비 부) ⇔ 子(아들 자)
夫(지아비 부) ⇔ 婦(아내 부)
浮(뜰 부) ⇔ 沈(가라앉을 침)
分(나눌 분) ⇔ 合(합할 합)
悲(슬플 비) ⇔ 樂(즐거울 락)
貧(가난할 빈) ⇔ 富(부자 부)
賓(손 빈) ⇔ 主(주인 주)
師(스승 사) ⇔ 弟(아우 제)
死(죽을 사) ⇔ 活(살 활)
山(뫼 산) ⇔ 河(물 하)
賞(상줄 상) ⇔ 罰(벌줄 벌)
上(위 상) ⇔ 下(아래 하)
生(살 생) ⇔ 死(죽을 사)
暑(더울 서) ⇔ 寒(찰 한)
善(착할 선) ⇔ 惡(악할 악)
先(먼저 선) ⇔ 後(뒤 후)
盛(성할 성) ⇔ 衰(쇠할 쇠)
成(이룰 성) ⇔ 敗(패할 패)
疏(트일 소) ⇔ 密(빽빽할 밀)
損(상할 손) ⇔ 益(더할 익)

送(보낼 송) ⇔ 迎(맞을 영)
受(받을 수) ⇔ 與(줄 여)
授(줄 수) ⇔ 受(받을 수)
首(머리 수) ⇔ 尾(꼬리 미)
叔(아저씨 숙) ⇔ 姪(조카 질)
順(순할 순) ⇔ 逆(거스릴 역)
昇(오를 승) ⇔ 降(내릴 강)
勝(이길 승) ⇔ 敗(패할 패)
是(옳을 시) ⇔ 非(그를 비)
始(처음 시) ⇔ 末(끝 말)
新(새로울 신) ⇔ 舊(옛 구)
信(믿을 신) ⇔ 疑(의심할 의)
伸(펼 신) ⇔ 縮(줄일 축)
心(마음 심) ⇔ 身(몸 신)
深(깊을 심) ⇔ 淺(얕을 천)
雅(우아할 아) ⇔ 俗(풍속 속)
安(편안할 안) ⇔ 危(위태할 위)
愛(사랑할 애) ⇔ 憎(미워할 증)
哀(슬플 애) ⇔ 歡(기쁠 환)
抑(누를 억) ⇔ 揚(날릴 양)
言(말씀 언) ⇔ 行(다닐 행)
榮(영화 영) ⇔ 枯(마를 고)
銳(날카로울 예) ⇔ 鈍(둔할 둔)
玉(구슬 옥) ⇔ 石(돌 석)
溫(따뜻할 온) ⇔ 冷(찰 랭)
緩(느릴 완) ⇔ 急(급할 급)
往(갈 왕) ⇔ 來(올 래)
優(뛰어날 우) ⇔ 劣(못할 열)
有(있을 유) ⇔ 無(없을 무)

恩(은혜 은) ⇔ 怨(원망할 원)
隱(숨을 은) ⇔ 顯(나타날 현)
陰(그늘 음) ⇔ 陽(볕 양)
音(소리 음) ⇔ 訓(가르칠 훈)
異(다를 이) ⇔ 同(같을 동)
因(까닭 인) ⇔ 果(결과 과)
任(맡길 임) ⇔ 免(면할 면)
入(들 입) ⇔ 出(날 출)
子(아들 자) ⇔ 女(계집 녀)
雌(암컷 자) ⇔ 雄(수컷 웅)
自(스스로 자) ⇔ 他(남 타)
長(길 장) ⇔ 短(짧을 단)
長(어른 장) ⇔ 幼(어릴 유)
前(앞 전) ⇔ 後(뒤 후)
田(밭 전) ⇔ 畓(논 답)
正(바를 정) ⇔ 反(돌이킬 반)
朝(아침 조) ⇔ 夕(저녁 석)
早(이를 조) ⇔ 晩(늦을 만)
祖(할아비 조) ⇔ 孫(손자 손)
存(있을 존) ⇔ 亡(망할 망)
存(있을 존) ⇔ 廢(폐할 폐)
尊(높을 존) ⇔ 卑(낮을 비)
縱(세로 종) ⇔ 橫(가로 횡)
左(왼 좌) ⇔ 右(오른 우)
坐(앉을 좌) ⇔ 立(설 립)
主(주인 주) ⇔ 客(손님 객)
主(주인 주) ⇔ 從(좇을 종)
晝(낮 주) ⇔ 夜(밤 야)
增(더할 증) ⇔ 減(덜 감)

進(나아갈 진) ⇔ 退(물러날 퇴)

眞(참 진) ⇔ 僞(거짓 위)

集(모을 집) ⇔ 散(흩어질 산)

着(다다를 착) ⇔ 發(떠날 발)

贊(도울 찬) ⇔ 反(돌이킬 반)

天(하늘 천) ⇔ 地(땅 지)

添(더할 첨) ⇔ 削(깎을 삭)

淸(맑을 청) ⇔ 濁(흐릴 탁)

晴(갤 청) ⇔ 陰(그늘 음)

初(처음 초) ⇔ 終(마칠 종)

推(밀 추) ⇔ 引(끌 인)

春(봄 춘) ⇔ 秋(가을 추)

出(날 출) ⇔ 入(들 입)

取(취할 취) ⇔ 捨(버릴 사)

表(겉 표) ⇔ 裏(속 리)

豊(풍년 풍) ⇔ 凶(흉할 흉)

皮(가죽 피) ⇔ 骨(뼈 골)

彼(저 피) ⇔ 此(이 차)

夏(여름 하) ⇔ 冬(겨울 동)

寒(찰 한) ⇔ 暖(따뜻할 난)

閑(한가할 한) ⇔ 忙(바쁠 망)

虛(빌 허) ⇔ 實(열매 실)

賢(어질 현) ⇔ 愚(어리석을 우)

兄(형 형) ⇔ 弟(아우 제)

昏(어두울 혼) ⇔ 明(밝을 명)

禍(재앙 화) ⇔ 福(복 복)

厚(두터울 후) ⇔ 薄(얇을 박)

胸(가슴 흉) ⇔ 背(등 배)

黑(검을 흑) ⇔ 白(흰 백)

興(흥할 흥) ⇔ 亡(망할 망)

喜(기쁠 희) ⇔ 怒(성낼 로)

喜(기쁠 희) ⇔ 悲(슬플 비)

(5) 잘못 읽기 쉬운 한자어

우리가 일상의 언어생활에서 쉽게 사용하는 단어들이지만 본래의 구성 한자는 간단치 않은 단어들이다. 글자와 독음 모두 각별히 주의하여 학습해야 한다.

苛斂(가렴)
各別(각별)
間隙(간극)
艱難(간난)
看做(간주)
姦慝(간특)
間歇(간헐)
減殺(감쇄)
勘案(감안)
甘蔗(감자)
降雨(강우)
改悛(개전)
醵出(갹출)
車馬(거마)
箝制(겸제)
耿耿(경경)
更張(경장)
更迭(경질)
股肱(고굉)
膏肓(고황)
滑稽(골계)
汨沒(골몰)
鞏固(공고)
攻駁(공박)

誇示(과시)
過剩(과잉)
款待(관대)
官衙(관아)
刮目(괄목)
乖離(괴리)
魁首(괴수)
攪亂(교란)
敎唆(교사)
狡猾(교활)
口腔(구강)
句讀(구두)
拘碍(구애)
拘引(구인)
句節(구절)
救恤(구휼)
詭辯(궤변)
龜鑑(귀감)
規矩(규구)
糾彈(규탄)
龜裂(균열)
琴瑟(금슬)
矜持(긍지)
旗幟(기치)

嗜好(기호)
喫煙(끽연)
儺禮(나례)
懦弱(나약)
裸體(나체)
拿捕(나포)
烙印(낙인)
難澁(난삽)
蘭若(난야)
捺印(날인)
捏造(날조)
拉致(납치)
狼藉(낭자)
內人(나인)
內人(나인)
內訌(내홍)
鹿皮(녹비)
賂物(뇌물)
漏泄(누설)
訥辯(눌변)
茶菓(다과)
團欒(단란)
簞食(단사)
曇天(담천)

踏襲(답습)
遝至(답지)
撞着(당착)
對峙(대치)
島嶼(도서)
陶冶(도야)
挑戰(도전)
淘汰(도태)
獨擅(독천)
冬眠(동면)
登攀(등반)
癩病(나병)
烙印(낙인)
拉致(납치)
狼藉(낭자)
罹災(이재)
滿腔(만강)
媒介(매개)
罵倒(매도)
魅力(매력)
邁進(매진)
驀進(맥진)
萌芽(맹아)
明晳(명석)

明澄(명징)
牡丹(모란)
木瓜(모과)
木鐸(목탁)
蒙昧(몽매)
杳然(묘연)
無辜(무고)
毋論(무론)
拇印(무인)
紊亂(문란)
彌滿(미만)
未洽(미흡)
撲滅(박멸)
剝奪(박탈)
反駁(반박)
反芻(반추)
頒布(반포)
潑剌(발랄)
拔萃(발췌)
拔擢(발탁)
跋扈(발호)
尨大(방대)
幇助(방조)
拜謁(배알)
背馳(배치)
胚胎(배태)
範疇(범주)
兵站(병참)
報酬(보수)
補塡(보전)
菩提(보리)
否塞(비색)
不屑(불설)
敷衍(부연)
不朽(불후)
分泌(분비)
分錢(푼전)
沸騰(비등)
飛翔(비상)
匕首(비수)
譬喩(비유)
頻數(빈삭)
嚬蹙(빈축)
憑藉(빙자)
詐欺(사기)
些少(사소)
獅子吼(사자후)
使嗾(사주)
社稷(사직)
奢侈(사치)
娑婆(사바)
索莫(삭막)
撒水(살수)
撒布(살포)
三昧(삼매)
芟除(삼제)
颯爽(삽상)
相殺(상쇄)
上梓(상재)
省略(생략)
逝去(서거)
羨望(선망)
先塋(선영)
閃光(섬광)
星宿(성수)
洗滌(세척)
遡及(소급)
甦生(소생)
掃灑(소쇄)
騷擾(소요)
贖罪(속죄)
殺到(쇄도)
灑落(쇄락)
睡眠(수면)
蒐集(수집)
收穫(수확)
收賄(수회)
數爻(수효)
馴致(순치)
拾得(습득)
昇遐(승하)
猜忌(시기)
柴糧(시량)
示唆(시사)
諡號(시호)
辛辣(신랄)
迅速(신속)
惡辣(악랄)
齷齪(악착)
惡寒(오한)
惡寒(오한)
軋轢(알력)
斡旋(알선)
謁見(알현)
哀悼(애도)
隘路(애로)
靄靄(애애)
惹起(야기)
冶金(야금)
掠奪(약탈)
掩蔽(엄폐)
濾過(여과)
閭閻(여염)
轢死(역사)
役割(역할)
厭惡(염오)
領袖(영수)
囹圄(영어)
誤謬(오류)
傲然(오연)
嗚咽(오열)
訛傳(와전)
渦中(와중)
瓦解(와해)
歪曲(왜곡)
猥濫(외람)

樂山(요산)
要塞(요새)
窯業(요업)
夭折(요절)
凹凸(요철)
聳動(용동)
容喙(용훼)
誘拐(유괴)
遊說(유세)
流暢(유창)
六月(유월)
隱匿(은닉)
吟味(음미)
凝結(응결)
擬似(의사)
義捐金(의연금)
吏讀(이두)
移徙(이사)
弛緩(이완)
匿名(익명)
溺死(익사)
湮滅(인멸)
一括(일괄)
一切(일체)
孕胎(잉태)
自暴(자포)
箴言(잠언)
這間(저간)
沮喪(저상)

詛呪(저주)
敵愾(적개)
塡充(전충)
傳播(전파)
截然(절연)
正鵠(정곡)
靜謐(정밀)
稠密(조밀)
造詣(조예)
措置(조치)
慫慂(종용)
挫折(좌절)
躊躇(주저)
駐箚(주차)
蠢動(준동)
浚渫(준설)
櫛比(즐비)
憎惡(증오)
支撐(지탱)
眞摯(진지)
桎梏(질곡)
叱責(질책)
嫉妬(질투)
斟量(짐량)
斟酌(짐작)
執拗(집요)
茶禮(차례)
斬新(참신)
懺悔(참회)

蒼氓(창맹)
刺殺(척살)
闡明(천명)
喘息(천식)
穿鑿(천착)
鐵槌(철퇴)
尖端(첨단)
帖文(체문)
諦念(체념)
涕泣(체읍)
憔悴(초췌)
忖度(촌탁)
撮影(촬영)
推敲(퇴고)
追悼(추도)
醜態(추태)
衷心(충심)
趣向(취향)
熾烈(치열)
蟄居(칩거)
稱頌(칭송)
琢磨(탁마)
綻露(탄로)
彈劾(탄핵)
耽溺(탐닉)
耽讀(탐독)
搭乘(탑승)
攄得(터득)
慟哭(통곡)

洞察(통찰)
派遣(파견)
破綻(파탄)
稗官(패관)
覇權(패권)
悖倫(패륜)
敗北(패배)
敗北(패배)
沛然(패연)
膨脹(팽창)
平坦(평탄)
閉塞(폐색)
褒賞(포상)
布施(보시)
布施(보시)
暴惡(포악)
捕捉(포착)
輻輳(폭주)
標識(표지)
風靡(풍미)
諷刺(풍자)
逼迫(핍박)
虐政(학정)
汗衫(한삼)
割引(할인)
陜川(합천)
行列(항렬)
肛門(항문)
降伏(항복)

行伍(항오)
偕老(해로)
楷書(해서)
解弛(해이)
諧謔(해학)
行悖(행패)
絢爛(현란)
孑孑(혈혈)
嫌惡(혐오)
荊棘(형극)
螢雪(형설)
好惡(호오)
豪宕(호탕)
渾然(혼연)
忽然(홀연)
廓然(확연)
廓淸(확청)
滑走(활주)
恍惚(황홀)
賄賂(회뢰)
灰燼(회신)
膾炙(회자)
獲得(획득)
橫暴(횡포)
嚆矢(효시)
嗅覺(후각)
萱堂(훤당)
毁損(훼손)
麾下(휘하)
恤兵(휼병)
欣然(흔연)
欣快(흔쾌)
屹然(흘연)
恰似(흡사)
洽足(흡족)
稀罕(희한)
詰難(힐난)

8. 한자어(漢字語) 읽기

(1) '동음이의어(同音異議語)'의 장단음 문제

우리말에서 인체의 일부를 지칭하는 한 음절의 순수 우리말은 모두 단음으로 발음한다. 예를 들어 '눈', '입', '목', '발', '등', '배', '손' 등은 모두 짧게 발음해야 원하는대로 의사를 전달할 수 있다. 또 한국인의 여러 성씨(姓氏) 가운데 이(李), 조(趙), 정(鄭), 심(沈), 송(宋), 봉(奉)씨 등은 길게 발음하는 것이 관례인데, 예를 들어 정(鄭)씨와 정(丁)씨는 음의 장단으로 구별한다. 언어는 일종의 '습관'이며 '사회적 약속'이므로 규칙을 벗어난 발음을 하면 언중(言衆)들 간의 소통에 혼란이 유발되기 마련이다.

한자어(漢字語)도 이와 마찬가지여서 발음의 장단(長短)에 따라 의미는 달라지게 되며, 이와 같이 두 음절 이상으로 이루어진 한자어의 경우 장단음에 따라 뜻이 분화되는 말이 상당히 많다. 그러나 최근 한국인들의 한자어 발음은 우려할 만한 수준에 와 있으며, 심지어는 TV 뉴스의 아나운서들조차도 장단음을 제대로 지켜 발음하지 못하는 경우가 하루에드 수십 번에 이를 지경이다. 이는 우리나라에서 1970년 3월 이후 한글전용교육(專用教育) 실시로 인해 한동안 한자교육(漢字教育)이 도외시되고 한자의 사용을 배격하려했던 운동과 무관치 않으며, 신문 매체의 경우에도 지면상에서 한자를 모두 없앤 후 국민들의 언어생활은 더욱 큰 혼동으로 빠져들게 되었다. 각 한자마다 고유의 장단(長短)을 가지고 있음에도 불구하고, 이를 무시하고 쓸데없이 길거나 짧게 발음함으로 인하여 국어의 대혼란을 가져오게 되었다. 언어는 늘 변화하는 속성을 가지고 있지만, 무지(無知)에 의해 그릇되게 사용됨으로 인하여 변화하는 것은 자연적인 변화가 아니라 일종의 언어 파괴인 셈이 되는 것이다.

현재 우리가 사용하는 한자어는 상당수가 중국어 어휘에서 온 것들이다. 중국과 한국은 과거 동일한 문자를 사용했지만 독음(讀音)은 당연히 서로 달랐다. 중국의 한자음은 매 글자마다 네 가지 고유의 성조(聲調)가 있어서 이것이 글자의 의미를 구별하는 중요한 역할을 하며 오늘날 중국어에도 성조가 있다. 15세기에는 순우리말과 더불어 우리의 한자어에도 각각 고유의 성조가 있어서 음의 높낮이로 의미 구별을 했으나, 오랜 세월 언어가 변화하는 과정 속에 이 성조들은 모두 사라지고 음(音)의 장단(長短)만이 흔적으로 남아있을 뿐이다. 따라서 오늘날 음의 장단에 따라 한자어의 의미는 달라지게 마련이며, 평소의 언어습관이 바람직하게 훈련되어 이를 정확하게 구분해 사용해야만 언어생활의 혼란을 막을 수 있는 것이다.

한자어의 장음(長音)은 어두(語頭)에서만 나타나고 제2음절에서는 나타나지 않는다. 아래 제시된 단어들의 첫 음절(音節)을 장단(長短)으로 구분하여 읽어보며 음 길이의 차이에 따라 의미가 어떻게 달라지는지 연습해보자.

가동: 可動
稼動

가세: 加勢
家勢

가인: 佳人
家人

가정: 假定
家庭

감상: 感想
鑑賞

감정: 感情
鑑定

경계: 警戒
境界

경비: 警備
經費

경사: 慶事
傾斜

경주: 競走
傾注

고수: 高手
鼓手

고전: 古典
苦戰

공적: 公的
功績

과장: 誇張
課長

동인: 動因
同人

동정: 動靜
同情

만화: 晩花
漫畵

모사: 模寫
謀事

방화: 防火
放火

배치: 配置
背馳

보수: 補修
保守

부인: 否認
婦人

사고: 事故
思考

사과: 謝過
沙果

사교: 社交
邪教

사기: 士氣
詐欺

사물: 事物
私物

사용: 使用
社用

사유: 事由
思惟

성명: 姓名
聲明

소화: 小話
消化

영감: 令監
靈感

영화: 榮華
映畵

운명: 運命
殞命

원수: 怨讐
元帥

이사: 理事
移徙

정당: 正當
政黨

정부: 正否
情夫

정의: 定義
情誼

(2) 長音[(:)]

아래는 한자어의 첫 음절에서 장음(長音)으로 발음되는 한자들이다. 한자 자전(字典)을 통해서도 익힐 수 있다.

[가] 可 : 옳을
假 : 거짓
架 : 시렁
暇 : 겨를
佳 : 아름다울
駕 : 멍에

[간] 肝 : 간
簡 : 대쪽
懇 : 간절할
姦 : 간음할
墾 : 개간할
諫 : 간할
揀 : 가릴

[감] 減 : 덜
感 : 느낄
敢 : 구태여

[강] 降 : 내릴
講 : 강론할

[개] 改 : 고칠
個 : 낱
介 : 낄
慨 : 슬플
槪 : 대개
蓋 : 덮을
凱 : 개선할

[갱] 更 : 다시
羹 : 국

[거] 去 : 갈
巨 : 클
擧 : 들
距 : 떨어질
拒 : 막을
據 : 의거할

[건] 建 : 세울
健 : 굳셀
鍵 : 열쇠

[검] 儉 : 검소할
劍 : 칼
檢 : 검사할

[게] 憩 : 쉴
偈 : 쉴
揭 : 높이들

[견] 見 : 볼
遣 : 보낼

[경] 敬 : 공경
慶 : 경사
競 : 다툴
竟 : 마침내
鏡 : 거울
警 : 경계할

[계] 癸 : 북방
季 : 계절
界 : 지경
計 : 셀
系 : 계통
係 : 맬
戒 : 경계할
械 : 기계
繼 : 이을
契 : 계약
桂 : 계수나무
啓 : 열
誡 : 경계할

繫 : 맬
稽 : 상고할
[고] 古 : 예
告 : 고할
稿 : 볏짚
袴 : 바지
[곤] 困 : 곤할
[공] 共 : 한가지
孔 : 구멍
供 : 이바지할
攻 : 칠
恐 : 두려울
貢 : 바칠
拱 : 팔짱 낄
[과] 果 : 실과
過 : 지날
誇 : 자랑할
寡 : 적을
[광] 廣 : 넓을
鑛 : 쇳돌
曠 : 빌
壙 : 뫼 구덩이
[괴] 愧 : 부끄러울
壞 : 무너질
[교] 校 : 학교
敎 : 가르칠
矯 : 바로잡을
[구] 救 : 구원할
久 : 오랠

舊 : 예
苟 : 진실로
[군] 郡 : 고을
窘 : 군색할
[권] 勸 : 권할
拳 : 주먹
眷 : 돌볼
倦 : 게으를
[궤] 潰 : 무너질
軌 : 바퀴자국
几 : 안석
詭 : 속일
[귀] 貴 : 귀할
歸 : 돌아갈
鬼 : 귀신
[근] 近 : 가까울
僅 : 겨우
謹 : 삼갈
[금] 禁 : 금할
錦 : 비단
襟 : 옷깃
衾 : 이불
[긍] 肯 : 즐길
兢 : 떨릴
矜 : 자랑할
[기] 妓 : 기생

[나] 那 : 어찌
[난] 煖 : 더울

[내] 內 : 안
乃 : 이에
耐 : 견딜
[념] 念 : 생각
[노] 怒 : 성낼
[농] 濃 : 짙을

[단] 但 : 다만
短 : 짧을
斷 : 끊을
[담] 談 : 말씀
淡 : 맑을
膽 : 쓸개
毯 : 담요
[대] 代 : 대신
待 : 기다릴
對 : 대할
帶 : 띠
貸 : 빌릴
戴 : 일
[도] 到 : 이를
度 : 법도
道 : 길
倒 : 거꾸러질
途 : 길
導 : 인도할
鍍 : 도금할
[동] 洞 : 골
童 : 아이

動: 움직일
凍: 얼
瞳: 눈동자
疼: 아플
憧: 동경할
[둔] 鈍: 둔할
遁: 숨을
[등] 等: 무리

[라] 癩: 문둥이
裸: 벗을
懶: 게으를
[란] 亂: 어지러울
爛: 찬란할
[람] 濫: 넘칠
[랑] 浪: 물결[결]
朗: 밝을
狼: 이리
[랭] 冷: 찰
[량] 兩: 두
[려] 慮: 생각
勵: 힘쓸
呂: 성씨
濾: 거를
礪: 숫돌
[련] 練: 익힐
鍊: 단련할
戀: 그리워할
[렴] 殮: 염할

[령] 怜: 영리할
[례] 例: 본보기
禮: 예도
醴: 단술
[로] 路: 길
老: 늙을
[롱] 弄: 희롱할
壟: 밭두둑
[료] 了: 마칠
[루] 屢: 여러
累: 포갤
淚: 눈물
漏: 샐
陋: 더러울
[류] 柳: 버들
類: 무리
[리] 里: 마을
理: 다스릴
利: 이할
李: 오얏
吏: 아전
離: 떠날
裏: 속
履: 밟을
裡: 속
俚: 속될
痢: 설사
[림] 淋: 임질

[마] 馬: 말
[만] 萬: 일만
晩: 늦을
慢: 거만할
漫: 퍼질
[망] 望: 바랄
妄: 망령될
罔: 없을
[매] 買: 살
賣: 팔
妹: 누이
罵: 꾸짖을
[맹] 孟: 맏
猛: 사나울
[면] 免: 면할
勉: 힘쓸
面: 낯
麵: 밀가루
冕: 면류관
緬: 멀
[명] 命: 목숨
[모] 母: 어미
暮: 저물
某: 아무
慕: 사모할
冒: 무릅쓸
侮: 업신여길
[몽] 夢: 꿈
[묘] 卯: 토끼

妙: 묘할

苗: 싹

廟: 사당

墓: 무덤

猫: 고양이

渺: 아득할

[무] 戊: 별

茂: 무성할

武: 무사(호반)

務: 힘쓸

舞: 춤출

貿: 무역할

霧: 안개

巫: 무당

誣: 속일

憮: 어루만질

[문] 問: 물을

聞: 들을

[미] 未: 아닐

尾: 꼬리

迷: 미혹할

[반] 反: 돌이킬

半: 반

返: 돌아올

叛: 배반할

[방] 訪: 찾을

倣: 모방할

榜: 방 붙일

彷: 헤맬

髣: 비슷할

[배] 拜: 절

倍: 갑절

培: 북돋울

配: 짝

輩: 무리

背: 등

陪: 모실

[범] 犯: 범할

範: 모범

汎: 넓을

梵: 불경

泛: 뜰

范: 성씨

帆: 돛

氾: 넘칠

[변] 變: 변할

辯: 말씀

辨: 분별할

卞: 성씨

弁: 고깔

[병] 丙: 남녘

病: 병

竝: 아우를

秉: 잡을

柄: 자루

昞: 불꽃

昺: 불꽃

[보] 步: 걸음

報: 갚을

普: 넓을

譜: 족보

補: 기울

寶: 보배

輔: 도울

堡: 작은성

[봉] 奉: 받들

鳳: 새

俸: 녹봉

[부] 富: 부자

否: 아닐

付: 부칠

附: 붙을

府: 관청

腐: 썩을

負: 질

副: 버금

簿: 문서

赴: 다다를

賦: 과할

賻: 부의

俯: 구부릴

埠: 부두

訃: 부고

剖: 쪼갤

敷: 펼

[분] 憤: 분할

奮 : 떨칠
忿 : 성낼
吩 : 분부할
[비] 比 : 견줄
悲 : 슬플
鼻 : 코
備 : 갖출
批 : 비평할
卑 : 낮을
婢 : 여자종
肥 : 살찔
秘 : 숨길
費 : 쓸
臂 : 팔
譬 : 비유할
鄙 : 더러울
匪 : 비적
翡 : 물총새
砒 : 비상
秕 : 쭉정이
紕 : 가선
沸 : 끓을

[사] 四 : 넉
巳 : 뱀사
士 : 선비
史 : 사기
使 : 하여금
謝 : 사례할
死 : 죽을
事 : 일
捨 : 버릴
賜 : 줄
似 : 같을
麝 : 사향노루
瀉 : 쏟을
泗 : 물 이름
獅 : 사자
[산] 産 : 낳을
散 : 흩을
算 : 셈할
[상] 上 : 위
想 : 생각
[서] 序 : 차례
暑 : 더울
敍 : 베풀
徐 : 천천할
庶 : 무리
恕 : 용서
署 : 관청
緖 : 실마리
敍 : 펼
犀 : 무소
舒 : 펼
鼠 : 쥐
逝 : 갈
黍 : 기장
壻 : 사위

瑞 : 상서
誓 : 맹세할
棲 : 깃들일
抒 : 풀
薯 : 감자
[선] 善 : 착할
選 : 가릴
膳 : 선물
羨 : 부러워할
[성] 姓 : 성씨
性 : 성품
盛 : 성할
聖 : 성인
[세] 世 : 인간
洗 : 씻을
稅 : 세금
細 : 가늘
勢 : 형세
歲 : 해
貰 : 세낼
[소] 小 : 작을
少 : 적을
所 : 바
笑 : 웃음
[손] 損 : 덜
遜 : 겸손할
[송] 送 : 보낼
頌 : 기릴
訟 : 송사

誦: 외울

竦: 공경할

宋: 성씨

[쇄] 刷: 인쇄할

鎖: 자물쇠

灑: 뿌릴

碎: 부술

[수] 數: 셈

繡: 수놓을

[순] 順: 순할

[시] 市: 저자

示: 보일

是: 이

視: 볼

施: 베풀

試: 시험

始: 비로소

矢: 화살

侍: 모실

匙: 숟가락

豺: 승냥이

柴: 섶

弑: 윗사람 죽일

屍: 주검

柿: 감나무

[신] 信: 믿을

愼: 삼갈

紳: 띠

腎: 콩팥

訊: 물을

[심] 甚: 심할

審: 살필

[아] 我: 나

餓: 주릴

[안] 案: 책상

眼: 눈

岸: 언덕

雁: 기러기

顔: 낯

晏: 늦을

鞍: 안장

[암] 暗: 어두울

癌: 암

[앙] 仰: 우러를

秧: 모

[애] 愛: 사랑

[야] 也: 어조사

夜: 밤

野: 들

冶: 풀무

惹: 이끌

揶: 야유할

椰: 야자나무

[양] 養: 기를

讓: 사양할

壤: 흙덩이

襄: 도울

攘: 물리칠

釀: 술 빚을

[어] 語: 말씀

御: 모실

禦: 막을

瘀: 어혈질

[언] 諺: 언문

[엄] 掩: 가릴

[여] 汝: 너

與: 더불

輿: 수레

[연] 研: 갈

硯: 벼루

宴: 잔치

軟: 연할

演: 펼

[염] 染: 물들일

厭: 싫어할

艶: 고울

髥: 구레나룻

[영] 永: 길

泳: 헤엄칠

詠: 읊을

影: 그림자

[예] 藝: 재주

豫: 미리

譽: 기릴

銳: 날카로울

曳: 끌

睿: 슬기
穢: 더러울
隷: 종
濊: 종족 이름
詣: 이를
[오] 五: 다섯
悟: 깨달을
午: 낮
誤: 그르칠
汚: 더러울
娛: 즐길
傲: 거만할
奧: 깊을
[온] 蘊: 쌓을
[옹] 擁: 낄
壅: 막을
[와] 瓦: 기와
臥: 누울
[완] 緩: 느릴
婉: 순할
玩: 희롱할
阮: 성씨
[왕] 往: 갈
旺: 왕성할
枉: 굽을
汪: 넓을
[외] 外: 바깥
畏: 두려울
猥: 외람할

[요] 窈: 고요할
夭: 일찍 죽을
[용] 用: 쓸
勇: 날랠
聳: 솟을
湧: 물 솟을
[우] 宇: 집
右: 오른
友: 벗
雨: 비
又: 또
遇: 만날
羽: 깃
偶: 짝
禹: 성씨
寓: 부칠
[운] 運: 운전
韻: 운
隕: 떨어질
殞: 죽을
[원] 願: 원할
遠: 멀
怨: 원망할
援: 도울
寃: 원통할
[유] 有: 있을
裕: 넉넉할
愈: 나을
[윤] 閏: 윤달

潤: 윤택할
允: 맏
尹: 성씨
[음] 飮: 마실
[응] 應: 응할
膺: 가슴
凝: 엉길
鷹: 매
[의] 義: 옳을
意: 뜻
誼: 옳을
[이] 二: 두
貳: 갖은 두
以: 써
已: 이미
耳: 귀
異: 다를
而: 말 이을
[인] 引: 끌
刃: 칼날
[임] 壬: 북방
賃: 품삯
妊: 아이 밸
[잉] 孕: 아이 밸
剩: 남을

[자] 恣: 방자할
刺: 찌를
紫: 자줏빛

藉 : 깔
煮 : 삶을
諮 : 물을
瓷 : 사기그릇
[장] 壯 : 씩씩할
丈 : 어른
帳 : 장막
奬 : 장려할
葬 : 장사지낼
掌 : 손바[빠]닥
藏 : 감출
臟 : 오장
章 : 글
掌 : 손바닥
杖 : 지팡이
醬 : 장
[재] 在 : 있을
栽 : 심을
再 : 두
載 : 실을
宰 : 재상
[저] 著 : 나타날
貯 : 쌓을
低 : 낮을
底 : 밑
抵 : 막을
沮 : 막을
這 : 이
咀 : 씹을

邸 : 집
狙 : 원숭이
觝 : 닿을
[전] 典 : 법
展 : 펼
戰 : 싸움
電 : 번개
錢 : 돈
轉 : 구를
廛 : 가게
奠 : 정할
殿 : 전각
巓 : 산꼭대기
澱 : 앙금
悛 : 고칠
氈 : 모전
癲 : 미칠
箭 : 화살
顫 : 떨
餞 : 보낼
輾 : 돌아누울
[점] 店 : 가게
漸 : 점점
[정] 定 : 정할
整 : 가지런할
鄭 : 나라
碇 : 닻
[제] 弟 : 아우
第 : 차례

祭 : 제사
帝 : 임금
製 : 지을
制 : 지을
際 : 즈음
濟 : 건널
[조] 早 : 일찍
造 : 지을
助 : 도울
弔 : 조상할
照 : 비칠
詔 : 조서
釣 : 낚을
[종] 腫 : 종기
[좌] 左 : 왼
坐 : 앉을
佐 : 도울
座 : 자리
挫 : 꺾을
[죄] 罪 : 허물
[주] 注 : 물댈
住 : 살
宙 : 집
駐 : 머무를
註 : 글 뜻 풀
奏 : 아뢸
呪 : 빌
鑄 : 불릴
躊 : 머뭇거릴

[준] 準 : 법
俊 : 준걸
遵 : 좇을
准 : 준할
浚 : 깊게 할
蠢 : 꾸물거릴
駿 : 준마
竣 : 마칠
[중] 重 : 무거울
衆 : 무리
[진] 進 : 나아갈
盡 : 다할
振 : 떨칠
鎭 : 진정할
晋 : 진나라
震 : 우레
診 : 진찰할

[차] 且 : 또
借 : 빌릴
嗟 : 탄식할
[찬] 贊 : 도울
讚 : 기릴
撰 : 지을
燦 : 빛날
饌 : 반찬
纂 : 모을
[참] 僭 : 주제넘을
[창] 唱 : 부를
創 : 비롯할
暢 : 화창할
愴 : 슬플
娼 : 창녀
漲 : 넘칠
脹 : 부을
倡 : 광대
[채] 菜 : 나물
採 : 캘
彩 : 채색
債 : 빚
綵 : 비단
蔡 : 성씨
[처] 處 : 곳
悽 : 슬플
[천] 淺 : 얕을
賤 : 천할
踐 : 밟을
遷 : 옮길
薦 : 천거할
擅 : 멋대로 할
穿 : 뚫을
闡 : 밝힐
喘 : 숨찰
[촌] 寸 : 마디
村 : 마을
[총] 總 : 다
寵 : 사랑할
[최] 最 : 가장
[췌] 悴 : 파리할
贅 : 혹
[취] 取 : 가질
吹 : 불
就 : 나아갈
臭 : 냄새
醉 : 취할
趣 : 뜻
翠 : 푸를
娶 : 장가들
炊 : 불 땔
[치] 致 : 이를
置 : 둘
[침] 針 : 바늘
浸 : 젖을
寢 : 잘
沈 : 잠길
枕 : 베개
砧 : 다듬잇돌

[타] 打 : 칠
妥 : 타당할
墮 : 떨어질
惰 : 게으를
唾 : 침
楕 : 길고 둥글
[탄] 炭 : 숯
歎 : 탄식할
彈 : 탄알

誕 : 낳을

坦 : 평탄할

綻 : 터질

[탕] 湯 : 끓을

蕩 : 방탕할

[태] 態 : 태도

[터] 攄 : 펼

[토] 吐 : 토할

[통] 統 : 거느릴

痛 : 아플

慟 : 서러워할

[퇴] 退 : 물러갈

堆 : 쌓을

腿 : 넓적다리

[파] 破 : 깨뜨릴

播 : 뿌릴

罷 : 파할

[패] 貝 : 조개

敗 : 패할

稗 : 피

覇 : 으뜸

沛 : 비 쏟아질

佩 : 찰

悖 : 거스를

[폄] 貶 : 낮출

[평] 評 : 평론할

[폐] 閉 : 닫을

肺 : 허파

廢 : 폐할

弊 : 해질

蔽 : 가릴

幣 : 폐백

陛 : 대궐 섬돌

[포] 抱 : 안을

飽 : 배부를

捕 : 잡을

抛 : 던질

[품] 品 : 성품

稟 : 여쭐

[피] 彼 : 저

被 : 입을

避 : 피할

[하] 下 : 아래

夏 : 여름

賀 : 하례

[한] 恨 : 한할

限 : 막을

漢 : 한수

旱 : 가물

汗 : 땀

罕 : 드물

翰 : 편지

悍 : 사나울

[함] 陷 : 빠질

檻 : 난간

喊 : 소리칠

[항] 巷 : 거리

港 : 항구

項 : 목

抗 : 항거할

航 : 배

[해] 害 : 해할

海 : 바다

亥 : 돼지

解 : 풀

懈 : 게으를

邂 : 만날

[행] 幸 : 다행

倖 : 요행

杏 : 살구

[향] 向 : 향할

響 : 울릴

享 : 누릴

饗 : 잔치할

嚮 : 향할

[헌] 憲 : 법

獻 : 드릴

[험] 險 : 험할

驗 : 시험

[현] 現 : 나타날

縣 : 고을

懸 : 매달

顯 : 나타낼

絢 : 무늬

眩 : 어지러울

衒 : 자랑할
[혜] 惠 : 은혜
慧 : 지혜
[호] 戶 : 지게문
好 : 좋을
互 : 서로
浩 : 넓을
護 : 지킬
虎 : 범
琥 : 호박
昊 : 하늘
[혼] 混 : 섞일
渾 : 흐릴
[화] 貨 : 재물

畫 : 그림
禍 : 재앙
[환] 患 : 근심
換 : 바꿀
還 : 돌아올
幻 : 헛보일
宦 : 벼슬
[황] 況 : 하물며
[회] 會 : 모일
悔 : 뉘우칠
繪 : 그림
膾 : 회
檜 : 전나무
賄 : 재물

[효] 孝 : 효도
效 : 본받을
曉 : 새벽
嚆 : 울릴
酵 : 삭힐
[후] 後 : 뒤
厚 : 두터울
候 : 기후
朽 : 썩을
嗅 : 맡을
[훈] 訓 : 가르칠
[훼] 毁 : 헐
[흠] 欠 : 하품

(3) 半長音[ː]

어두(語頭)의 한자가 언어 사용습관에 따라 어떤 경우는 장음(長音)으로 발음되며, 어떤 경우는 단음(短音)으로 발음되는 한자들이다. 오랜 시간 축적되어 굳어진 습관이므로 개별적인 한자어의 발음을 차근차근 세심히 익혀야 한다.

한자	장음[ː]	단음
街 거리 가	街道, 街頭行進	街路燈
間 사이 간	間諜, 間食	間隔, 間隙
肝 간 간	肝銘, 肝臟	肝氣
强 강할 강	强制, 强盜	强力, 强化
箇 낱 개	箇箇	箇數
景 볕 경	景品, 景福宮	景槪, 景致
故 연고 고	故國, 故障	故鄕

考 생각할 고	考古學, 考試	考案, 考察
貫 꿸 관	貫珠, 貫革	貫徹, 貫通
怪 괴이할 괴	怪物, 怪變, 怪狀	怪常, 怪異
口 입 구	口號, 口頭	口文, 口錢
卷 책 권, 말 권	卷數, 卷煙	卷帙
難 어려울 난	難處	難境
大 큰 대	大家, 大將	大邱, 大田
盜 도적 도	盜掘	盜用
冬 겨울 동	冬期, 冬眠	冬至
令 하여금 령	令監	令旗
露 이슬 로	露積	露骨
料 헤아릴 료	料金, 料給	料理, 料量
麻 삼 마	麻雀	痲醉, 麻布
滿 찰 만	滿堂, 滿場	滿足, 滿員
每 매양 매	每月, 每時	每樣, 每日
美 아름다울 미	美人, 美文	美國
迷 미혹할 미	迷宮, 迷夢, 迷信	迷兒, 迷惑
放 놓을 방	放送	放課, 放學
凡 무릇 범	凡例, 凡夫	凡節
保 보전할 보	保健, 保留	保證
符 병부 부	符籍, 符信, 符合	符節, 符號
分 나눌 분	分量, 分數	分家
粉 가루 분	粉紅	粉骨碎身
非 아닐 비	非行, 非情	非但
仕 벼슬 사	仕宦	仕官
射 쏠 사	射場, 射亭	射擊, 射手
尙 오히려 상	尙古	尙宮, 尙今
喪 잃을 상	喪配, 喪妻	喪家, 喪事, 喪失, 喪祭, 喪主

徐 천천히 할 서	徐步, 徐行	徐氏, 徐羅伐
燒 불사를 소	燒紙	燒却, 燒失
掃 쓸 소	掃除, 掃地	掃蕩, 掃灑
孫 손자 손	孫孫	孫女, 孫子
手 손 수	手巾	手段, 手足
受 받을 수	受苦	受講, 受信
審 살필 심	審議	審理, 審査
雅 맑을 아	雅俗, 雅趣	雅淡
亞 버금 아	亞流, 亞聖, 亞將, 亞獻	亞細亞, 亞鉛, 亞細亞, 亞洲
沿 물가 연	沿革	沿道, 沿岸, 沿海
映 비칠 영	映窓	映寫, 映畵
爲 할 위	爲人(사람을 위하다)	爲始, 爲人(사람 됨됨이)
任 맡길 임	任務, 任員	任氏
紫 자줏빛 자	紫色	紫朱
暫 잠깐 잠	暫時, 暫定的	暫定, 暫間
長 긴 장	長者, 長官	長久, 長篇
將 장수 장	將兵, 將校	將軍, 將次
煎 달일 전	煎骨	煎餠
纏 얽을 전	纏帶, 纏足	纏結
占 점칠 점	占領, 占據	占卦, 占卜
點 점 점	點心	點檢, 點數
井 우물 정	井邑詞	井華水, 井底蛙
正 바를 정	正當, 正直	正月, 正初
操 잡을 조	操心, 操鍊	操業, 操作
種 씨 종	種類, 種目	種犬, 種子
從 좇을 종	從弟, 從祖	從軍, 從事
酒 술 주	酒酊	酒店
仲 버금 중	仲氏, 仲兄	仲媒

陳 베풀 진	陳設, 陳列, 陳述	陳外家, 陳久
津 나루 진	津氣	津渡, 津夫
遮 가릴 차	遮斷	遮陽
斬 벨 참	斬頭, 斬伐	斬級, 斬新
站 역마을 참	站路, 站數	站, 站運
昌 창성할 창	昌寧, 昌德宮	昌平
倉 창고 창	倉卒間	倉庫
沈 잠길 침, 성씨 심	沈氏, 沈淸	沈沒, 沈默, 沈着, 沈滯
討 칠 토	討論, 討議	討伐, 討破
便 편할 편	便紙	便利, 便安
布 베 포	布敎, 布告	布木, 布衣
包 쌀 포	包容, 包括	包含, 包包裝
胞 태 포	胞胎	胞子, 胞衣
荷 멜 하	荷役	荷香, 荷花
汗 땀 한	汗衫, 汗牛充棟, 汗蒸幕	汗國, 汗黨
韓 한국 한	韓國, 韓服	韓山, 韓氏
行 다닐 행	行實	行動, 行政
虎 범 호	虎患, 虎口	虎班
號 이름 호	號哭, 號令	號氏
火 불 화	火氣, 火力	火曜日
化 될 화	化石, 化身	化學, 化粧
興 일 흥	興味, 興趣	興亡, 興業

9. 사자성어(四字成語)

1) 苛斂誅求(가렴주구) : 재물을 강제로 빼앗고 세금을 가혹하게 거두어 백성의 삶을 어렵게 함.

2) 佳人薄命(가인박명) : 용모가 아름다운 여자는 대개 불행하거나 명이 박하다는 뜻.

3) 刻骨難忘(각골난망) : 타인으로부터 입은 은혜와 고마움을 뼛속 깊이 새겨 잊지 않음.

4) 各人各色(각인각색) : 말이나 행동, 모양새, 몸가짐 등이 각 사람마다 모두 다름.

5) 刻舟求劍(각주구검) : 배에서 칼을 떨어뜨리고 그 떨어진 자리에 표시를 해두었다가 배가 멈추면 칼을 찾음. 시세의 변화를 모르고 융통성이 없다는 뜻.

6) 甘呑苦吐(감탄고토) : 달면 삼키고 쓰면 뱉는다. 신의를 저버리고 이익만을 도모한다는 뜻.

7) 甘言利說(감언이설) : 남의 비위에 맞도록 꾸민 달콤한 말과 이로운 조건을 내세워 꾀는 말.

8) 甲男乙女(갑남을녀) : 보통의 평범한 사람들을 일컬음.

9) 康衢煙月(강구연월) : 큰길의 집집마다 밥짓는 연기가 피어올라 달을 은은히 가린 모습으로, 태평성대의 평화스러운 모습을 가리킴.

10) 橘化爲枳(귤화위지) : 강남에 심은 귤이 강북에 옮겨 심으면 탱자가 됨. 같은 사람일지라도 환경에 따라 달라질 수 있음을 비유한 말.

11) 改過遷善(개과천선) : 지나간 허물을 고쳐 새로이 착하게 됨.

12) 蓋世之才(개세지재) : 세상을 뒤덮을 만한 뛰어난 재주를 일컬음

13) 去頭截尾(거두절미) : 머리와 꼬리를 잘라 버리고 요점만 말한다.

14) 擧案齊眉(거안제미) : 밥상을 들어 눈썹의 높이에 맞춘다. 아내가 남편을 극진히 공경하는 것을 비유하는 말.

15) 乾坤一擲(건곤일척) : 하늘이냐 땅이냐를 한 번 던져서 결정한다는 뜻. 운명과 흥망을 걸고 단판으로 승부나 성패를 겨룸. 또는 이 한 번에 흥망성쇠가 걸려 있는 일.

16) 乞人憐天(걸인연천) : 거지가 하늘을 불쌍히 여긴다는 속담. 부질없는 걱정을 한다거나 불행한 처지의 사람이 행복한 사람을 동정한다는 말.

17) 格物致知(격물치지) : 주자학(朱子學)과 양명학(陽明學)에서 사용하는 말. 사물에 이르러 이치를 추구하는 것에서 지식을 쌓아 앎에 이른다.

18) 隔世之感(격세지감) : 세대를 뛰어 넘는 것처럼 많은 변화가 있음을 이르는 말.

19) 隔靴搔痒(격화소양) : 신을 신은 채 가려운 곳을 긁음. 성에 차지 않거나 철저하지 못하다.

20) 牽强附會(견강부회) : 이치에 맞지 않는 말을 억지로 끌어다 붙여 자기 주장의 조건에 맞도록 함.

21) 見機而作(견기이작) : 어떤 일이 일어날 낌새를 알아채고 미리 대책을 세워 둠.

22) 犬馬之勞(견마지로) : 개나 말의 수고로움. 즉 자신의 노력을 낮추어 일컫는 말.

23) 見蚊拔劍(견문발검) : 모기를 보고 칼을 빼어 들다. 사소한 일에 맞지 않게 큰 대책을 세우는 것을 말함.

24) 堅忍不拔(견인불발) : 굳게 참고 견뎌서 마음이 흔들리거나 뜻이 변하지 않음.

25) 見危致命(견위치명) : 나라의 위태로움을 보면 목숨을 아끼지 않고 던져 싸움. 견위수명(見危授命)과 같은 말.

26) 結草報恩(결초보은) : 풀을 묶어서 은혜를 갚음. 죽어서까지라도 은혜를 잊지 않고 갚는다.

27) 兼人之勇(겸인지용) : 혼자서 능히 몇 사람을 당해 낼 만한 용기.

28) 輕擧妄動(경거망동) : 가볍고 망령되이 행동함. 경솔하고 조심성 없이 행동함을 이르는 말.

29) 經國濟世(경국제세) : 나라를 잘 다스리고 세상을 구제함. '경제(經濟)'의 본말.

30) 傾國之色(경국지색) : 나라를 기울게 할만큼 뛰어난 절세미인을 이르는 말.

31) 經世濟民(경세제민) : 세상과 나라를 다스리고 도탄에 빠진 백성을 구제함. '經國濟世'와 유사한 말.

32) 敬而遠之(경이원지) : 겉으로 공경하지만 속으로는 가까이 하지 아니하다. 경원시(敬遠視).

33) 驚天動地(경천동지) : 하늘을 놀라게 하고 땅을 흔든다는 뜻으로, 세상을 몹시 놀라게 하는 것을 비유적으로 이르는 말.

34) 敬天愛人(경천애인) : 하늘을 공경하고 인간을 사랑함.

35) 鷄卵有骨(계란유골) : 달걀 속에도 뼈가 있다는 속담. 뜻밖에 생긴 장애물을 뜻함. 복이 없는 사람은 아무리 좋은 기회를 만나도 덕을 보지 못 함을 이르는 말.

36) 股肱之臣(고굉지신) : 다리와 팔뚝에 비길만큼 믿음직스러워 중하게 여기는 신하.

37) 膏粱珍味(고량진미) : 살진 고기와 좋은 곡식으로 만든 기름지고 맛있는 음식.

38) 孤立無援(고립무원) : 남과 사귀지 않거나 남의 도움을 받을 데가 전혀 없이 고립됨.

39) 鼓腹擊壤(고복격양) : 중국 요(堯)임금 때 한 노인이 실컷 먹고 배를 두드리며 땅을 치면서 요임금의 덕을 노래했다는 고사(故事)에서 유래됨. 태평성대를 뜻함.

40) 孤城落日(고성낙일) : 지원군(支援軍)이 오지 않는 외로운 성과 저녁의 낙조. 기운이 떨어져 다시 일어날 힘도 없고, 도와주는 사람도 없는 외로운 신세가 된 것을 비유하는 말.

41) 姑息之計(고식지계) : 잠시 휴식을 취하기 위한 계책. 당장에 편한 것만을 택하는 계책으로 임시방편(臨時方便)을 이르는 말.

42) 苦肉之策(고육지책) : 적을 속이기 위한 수단으로서 자신의 고통을 돌보지 않고 쓰는 계책.

43) 孤掌難鳴(고장난명) : 손바닥 하나로는 소리가 나지 않는다. 혼자 힘으로는 일하기 어려움을 일컬음.

44) 苦盡甘來(고진감래) : 고생이 다하면 즐거움이 온다는 말.

45) 高枕安眠(고침안면) : 베개를 높이 베고 편하게 잔다는 뜻으로, 근심 걱정 없이 편안함을 비유적으로 이르는 말.

46) 曲學阿世(곡학아세) : 학문을 왜곡시켜 세상에 아부한다. 정도를 벗어난 학문으로 세상 사람에게 아첨함을 이르는 말.

47) 骨肉相爭(골육상쟁) : 혈족끼리 서로 다투고 해치는 것. 骨肉相殘(골육상잔)과 같음.

48) 空中樓閣(공중누각) : 공중에 지은 누각. 진실성이나 근거가 없는 비현실적인 말이나 사물.

49) 公平無私(공평무사) : 공평하여 사사로움이 없음.

50) 過恭非禮(과공비례) : 지나친 공손(恭遜)은 오히려 예의(禮儀)에 벗어남.

51) 過猶不及(과유불급) : 중용(中庸)을 벗어나 정도가 지나치면 미치지 못함과 같음.

52) 管鮑之交(관포지교) : 중국 춘추전국(春秋戰國)시대 관중(管仲)과 포숙(鮑叔)처럼 친구 사이가 아주 돈독(敦篤)하고 다정함을 이르는 말.

53) 刮目相對(괄목상대) : 눈을 비비고 상대를 자세히 봄. 남의 학문이나 덕행이 현저하게 진보한 것을 말함.

54) 矯角殺牛(교각살우) : 뿔을 고치려다 소를 죽인다. 작은 일에 지나치게 힘쓰다가 큰 일을 망치는 것을 비유한 말.

55) 蛟龍得水(교룡득수) : 교룡(蛟龍)이 물을 얻다. 사람이 자기의 능력을 보여줄 좋은 기회를 얻음을 이르는 말.

56) 巧言令色(교언영색) : 교묘하게 꾸민 말과 아첨하기 위해 아름답게 꾸민 얼굴빛으로 남의 환심을 삼.

57) 矯枉過正(교왕과정) : 굽은 것을 바로잡으려다 너무 곧게 되었다는 뜻. 잘못을 바로 고치려다 지나쳐 오히려 나쁜 결과가 생김을 비유하는 말.

58) 交友以信(교우이신) : 벗을 사귐에 있어 신의(信義)로써 한다.

59) 教學相長(교학상장) : 가르침과 배움이 서로 늘게 됨. 즉 남을 가르치거나 배우는 것이 모두 나 자신의 학문을 증진시킴.

60) 狗尾續貂(구미속초) : 담비 꼬리가 모자라 개꼬리로 잇는다. 좋은 것 뒤에 나쁜 것을 잇는다는 말. 쓸만한 인재가 없어 자질이 부족한 사람으로 고관(高官)에 등용함을 이르는 말.

61) 口蜜腹劍(구밀복검) : 입술에는 꿀을 바르고 배에는 칼을 품고 있다. 겉으로는 친절하게 대하는 척 하면서 속으로는 딴 생각을 품고 있는 경우를 비유한 말.

62) 口尚乳臭(구상유취) : 입에서 아직 젖 냄새가 난다. 나이가 어리고 경험이 없어 말과 행동이 유치함을 비유한 말.

63) 九牛一毛(구우일모) : 아홉 마리 소에 한 가닥의 털. 즉 많은 것 가운데에서 극히 적은 것을 일컬음.

64) 九折羊腸(구절양장) : 아홉 번 구부러진 양의 창자를 뜻하는 말로 꼬불꼬불한 험한 길이나 복잡한 세상을 이르는 말.

65) 九重深處(구중심처) : 아홉 번이나 겹쳐진 깊은 곳. 즉 궁궐 안 깊은 곳을 말함.

66) 群鷄一鶴(군계일학) : 무리 지어 있는 닭 가운데 한 마리의 학이라는 뜻. 변변치 못한 여러 평범한 사람 가운데 홀로 뛰어난 사람을 이름.

67) 群雄割據(군웅할거) : 여러 영웅이 세력을 다투어 땅을 갈라 버티고 있다.

68) 君子不器(군자불기) : 군자는 일정한 용도로 쓰이는 그릇과 같은 존재가 아니라는 뜻. 군자는 능력이나 기량이 워낙 커서 그릇으로 잴 수 없다.

69) 君子三樂(군자삼락) : 맹자(孟子)가 말한 군자의 세 가지 즐거움. 부모가 생존해 계시고 형제가 무고(無故)한 것, 하늘과 다른 사람에게 부끄러움이 없는 것, 천하의 인재를 모아 교육하는 것.

70) 窮餘之策(궁여지책) : 매우 궁한 나머지 내는 꾀. 막다른 골목에서 그 국면을 타개하고자 생각해낸 꾀.

71) 窮鳥入懷(궁조입회) : 쫓기는 새가 사람의 가슴팍으로 들어오다. 즉 사람이 궁할 때에는 적에게도 의지한다는 말.

72) 權謀術數(권모술수) : 목적의 달성을 위하여 인정이나 도덕을 가리지 않고 온갖 수단과 방법을 동원하여 짜낸 술책.

73) 權不十年(권불십년) : 아무리 높은 권세라도 10년을 가지 못한다는 말. 권력의 허망(虛妄)하고 덧없음을 일컬음.

74) 勸善懲惡(권선징악) : 선행을 권장하고 악행을 징계한다.

75) 捲土重來(권토중래) : 말을 타고 흙먼지를 일으키면서 다시 달려온다. 즉 패한 자가 세력을 회복하여 다시 쳐들어 옴.

76) 克己復禮(극기복례) : 자기를 극복하여 예로 돌아가다. 즉 자기 자신의 과드한 욕망을 억제하여 예의에 어그러지지 않게 함.

77) 近墨者黑(근묵자흑) : 먹을 가까이 하는 사람은 검어진다. 나쁜 사람과 가까이 하면 그 버릇에 물들기 쉽다는 말.

78) 金科玉條(금과옥조) : 금옥(金玉)과 같은 법률(法律). 금이나 옥 같이 소중하게 여기며 반드시 지켜야 할 법규나 교훈.

79) 金蘭之交(금란지교) : 단단하기가 황금과 같고 아름답기가 난초 향기와 같은 사귐이라는 뜻. 친구 사이의 매우 두터운 정을 말함.

80) 錦上添花(금상첨화) : 비단(緋緞) 위에 꽃을 더한다는 뜻. 잘된 위에 더욱 잘된 것이 더 하여짐.

81) 金石盟約(금석맹약) : 쇠와 돌 같이 굳게 맹세(盟誓)하여 맺은 약속.

82) 金城湯池(금성탕지) : 쇠로 만든 성(城)과 끓는 물로 채운 못. 매우 튼튼하고 방비가 잘된 장소를 비유함.

83) 金烏玉兎(금오옥토) : 金烏는 해, 玉兎는 달. 해 속에 까마귀가 있고, 달 속에 옥토끼가 있다는 전설에서 유래한 말.

84) 錦衣夜行(금의야행) : 비단옷을 입고 밤에 간다. 부귀를 얻고도 고향에 돌아가지 않는 것은 비단옷을 입고 밤길을 가는 것과 같다고 한 항우(項羽)의 고사에서 유래한 말. 자랑삼아 하지만 생색이 나지 않음을 이르거나 성공했어도 그 보람이 없음을 이르는 말.

85) 錦衣還鄕(금의환향) : 벼슬을 하거나 크게 성공하여 비단옷을 입고 고향에 들아옴.

86) 金枝玉葉(금지옥엽) : 금으로 된 가지와 옥으로 된 잎. 임금의 일족이나 매우 귀한 자손을 소중하게 일컫는 말.

87) 氣高萬丈(기고만장) : 기세의 높이가 만 길이다. 우쭐하여 뽐내는 기세가 대단하거나, 화가 나서 펄펄 뛰는 모양을 뜻함.

88) 起死回生(기사회생) : 거의 죽을 뻔하다가 도로 살아남. 역경을 이기고 재기하는 것을 이르는 말.

89) 奇想天外(기상천외) : 보통 사람은 쉽게 상상할 수 없을 정도로 생각이 엉뚱하고 기발함.

90) 寄與補裨(기여보비) : 이바지하여 돕고 모자람을 보태어 준다.

91) 落花流水(낙화유수) : 흐르는 물위에 꽃잎이 떨어짐. 사물이 쇠퇴해 가는 모습이나 힘과 세력이 약해져 아주 보잘것없이 됨을 비유하는 말.

92) 難攻不落(난공불락) : 공격하기가 어려워 좀처럼 함락(陷落)되지 않음.

93) 爛商討論(난상토론) : 낱낱이 들어 잘 토의함. 여러 사람이 자세하게 의논한다.

94) 亂臣賊子(난신적자) : 나라를 어지럽히는 신하와 어버이를 해치는 자식. 즉 나라와 사회를 어지럽히는 무리를 말함.

95) 難兄難弟(난형난제) : 누구를 형이라 누구를 아우라 말하기가 어렵다. 즉 사물의 우열을 가늠하기가 어렵다는 말. 서로 매우 비슷함.

96) 南柯一夢(남가일몽) : 남쪽 가지에서의 꿈이라는 뜻. 한때의 헛된 꿈이나 부귀영화를 비유하는 말. 一場春夢(일장춘몽)과 같음.

97) 南男北女(남남북녀) : 우리나라에서 남쪽 지방은 남자가 잘 생기고, 북쪽 지방은 여자가 예쁘다는 속설.

98) 男女有別(남녀유별) : 유교 사상에서 비롯된 것으로 남자와 여자 사이에는 분별이 있어야 함을 이르는 말.

99) 囊中之錐(낭중지추) : 주머니 속의 송곳. 송곳은 주머니에 넣어도 뾰족한 것이 튀어나온다는 말로, 재능이 빼어난 사람은 숨어 있어도 저절로 남의 눈에 드러남을 비유한 말.

100) 內憂外患(내우외환) : 안에서 일어나는 근심과 밖으로부터 받는 걱정이란 뜻으로, 나라 안팎의 여러 가지 어려운 사태를 이르는 말.

101) 爐邊情談(노변정담) : 화롯가에 둘러앉아서 한가롭게 주고받는 이야기.

102) 勞心焦思(노심초사) : 마음을 수고롭게 하고 생각을 깊게 함. 애를 써서 속을 태움.

103) 論功行賞(논공행상) : 공(功)이 있고 없음이나 크고 작음을 따져 적절한 상을 내림.

104) 弄瓦之慶(농와지경) : 질그릇을 갖고 노는 경사(慶事)라는 뜻으르 딸을 낳은 기쁨을 말함. 옛날에는 딸을 낳으면 기와같이 생긴 장난감을 주어 놀게 했다고 함.

105) 弄璋之慶(농장지경) : 장(璋)이라는 구슬을 갖고 노는 경사라는 뜻. 아들 낳은 기쁨을 말함.

106) 累卵之危(누란지위) : 달걀을 쌓아 놓은 것처럼 매우 위태로운 형세.

107) 能見難思(능견난사) : 능히 보고도 생각하기 어렵다. 잘 살펴볼 수 있으면서도 보통의 이치로는 헤아리기 어려운 일을 이르는 말.

108) 多多益善(다다익선) : 많으면 많을수록 더욱 좋다는 뜻.

109) 多事多難(다사다난) : 여러 가지 일도 많고 어려움이나 탈도 많다.

110) 斷金之交(단금지교) : 우정의 견고함이 쇠를 자를 정도이다. 즉 사귀는 정이 매우 깊음을 비유하는 말.

111) 丹脣皓齒(단순호치) : 붉은 입술과 흰 이. 여인의 아름다운 얼굴을 비유한 말.

112) 堂狗風月(당구풍월) : 서당(書堂) 개 삼년이면 풍월을 읊는다는 뜻으로, 무식한 사람이라도 유식한 사람과 같이 있으면 견문이 넓어진다는 뜻. 또는 무슨 일 하는 것을 오래 보고 들으면 자연히 할 줄 알게 된다는 뜻.

113) 大驚失色(대경실색) : 몹시 놀라 안색이 하얗게 변함.

114) 大器晩成(대기만성) : 크게 될 사람은 오랜 공적을 쌓아 늦게 이루어짐. 만년(晩年)이 되어 성공함.

115) 大同小異(대동소이) : 대체로 같고 차이가 거의 없다는 뜻. 두 가지 이상의 대상이 어슷비슷한 것을 두고 이르는 말.

116) 大義滅親(대의멸친) : 옳은 일을 위해서는 혈육의 친함도 저버린다. 큰 의리를 위해서는 사사로운 정리(情理)를 버린다는 뜻.

117) 膽大心小(담대심소) : 담은 크고 마음은 치밀하여 소홀하지 아니함. 담대하면서도 치밀한 주의력을 가져야 한다는 뜻.

118) 桃園結義(도원결의) : 복숭아밭에서 맺은 의로운 약속. 중국 삼국시대 촉(蜀)의 유비(劉備), 관우(關羽), 장비(張飛)가 맺은 약속. 의기투합하여 어떤 일을 도모할 때 비유적으로 씀.

119) 塗炭之苦(도탄지고) : 진흙이나 숯불에 떨어진 것과 같은 고통. 가혹한 정치로 백성들이 심히 곤궁한 지경에 빠짐을 이르는 말.

120) 獨不將軍(독불장군) : 혼자서는 장군이 될 수 없다는 뜻. 무슨 일이든지 제 생각대로 혼자 처리하는 사람이나 따돌림을 받는 외로운 사람을 비유함.

121) 讀書三到(독서삼도) : 독서의 세 가지 방법, 즉 구도(口到), 안도(眼到), 심도(心到)를 말함. 입으로 다른 말을 아니하고, 눈으로 딴 것을 보지 말고, 마음을 하나로 가다듬고 오로지 글을 읽는 대상에 집중해야 함을 이른다.

122) 頓悟漸修(돈오점수) : 선가(禪家)의 두 가지 기본적인 수행 방법. 갑자기 깨우치는 것(頓悟)과 점진적으로 수양하는 것(漸修). 문득 깨닫는 경지에 이르기 위해서는 반드시 점진적 수행 단계가 필요함.

123) 同價紅裳(동가홍상) : '기왕이면 다홍치마'라는 뜻으로, 값이 같거나 똑같은 노력을 들이는 조건이라면 더 좋은 것을 가짐을 비유적으로 이르는 말.

124) 同苦同樂(동고동락) : 괴로울 때나 즐거울 때나 항상 함께 함.

125) 東問西答(동문서답) : 물음과는 상관없는 전혀 엉뚱한 대답을 함.

126) 同門修學(동문수학) : 한 스승 밑에서 같이 학문을 닦고 배움.

127) 棟梁之材(동량지재) : 마룻대와 들보로 쓸 만한 재목. 국가와 민족의 중임을 맡을 만한 훌륭한 인재를 뜻함.

128) 同病相憐(동병상련) : 같은 병을 앓는 사람끼리 서로 가엾게 여긴다는 뜻. 어려운 처지에 있는 사람끼리 서로 불쌍히 여기고 도와줌.

129) 東奔西走(동분서주) : 동쪽으로 뛰고 서쪽으로 뛴다는 뜻. 사방(四方)으로 이리저리 바삐 돌아다님.

130) 同床異夢(동상이몽) : 같은 침상에서 서로 다른 꿈을 꾼다는 뜻. 같은 처지에 있는 듯하면서도 서로의 생각이나 입장이 다름을 비유하는 말.

131) 同姓同本(동성동본) : 같은 성(姓)에다 같은 관향(貫鄕). 성(姓)도 같고 본(本)도 같음.

132) 登高自卑(등고자비) : '높은 곳에 오르기 위해서는 낮은 곳에서부터 시작한다'는 뜻으로, 일을 하는 데는 반드시 순서를 밟아야 한다는 말. 또한 지위(地位)가 높아질수록 스스로를 낮춘다는 말.

133) 燈下不明(등하불명) : 등잔 밑이 어둡다는 뜻. 가까이에서 일어난 일을 오히려 잘 모른다는 뜻을 비유한 말.

134) 燈火可親(등화가친) : 등불을 가까이 할 수 있음. 가을 밤은 선선하므로 등불을 밝히고 독서에 힘 쓸 만함을 뜻함.

135) 馬耳東風(마이동풍) : 말의 귀에 스치는 동풍. 즉 남의 비평이나 의견을 조금도 귀담아 듣지 않고 흘려 버림을 비유함.

136) 莫逆之友(막역지우) : 마음이 맞아 조금도 거슬림이 없는 친구. 극히 친밀한 벗.

137) 萬頃蒼波(만경창파) : 만 이랑의 푸른 물결. 한 없이 넓고 푸른 바다.

138) 萬端情話(만단정화) : 끊임없이 속삭이는 여러 가지 정다운 이야기.

139) 萬事亨通(만사형통) : 모든 일이 두루 뜻대로 이루어지다.

140) 萬事休矣(만사휴의) : 만 가지 일이 다 끝나다. 뜻하지 않은 난관에 부딪혀 모든 일이 더 이상 기대할 수 없는 절망적 상황에 빠졌음을 비유한 말.

141) 萬壽無疆(만수무강) : 만 년을 살아도 끝이 없다. 장수(長壽)를 기원하는 말.

142) 晩時之歎(만시지탄) : 때늦은 한탄(恨歎)이라는 뜻. 시기가 늦어 기회를 놓친 것이 원통하여 탄식함을 이르는 말.

143) 萬全之策(만전지책) : 가장 안전하거나 완전한 대책.

144) 萬壑千峰(만학천봉) : 첩첩이 겹쳐진 많은 골짜기와 산봉우리.

145) 萬彙群象(만휘군상) : 온갖 일과 물건. 세상 만물의 현상이나 수없이 모여 이룬 무리.

146) 亡羊之歎(망양지탄) : 달아난 양을 찾다가 여러 갈래 길에 이르러 탄식한다는 뜻. 학문의 길이 여러 갈래로 나뉘어져 있어 진리를 찾기 어려움.

147) 麥秀之嘆(맥수지탄) : 보리밭에 이삭이 무성히 패는 것을 보고 내는 탄식. 나라가 망하여 화려했던 곳이 폐허가 되었음을 나타내는 말.

148) 孟母斷機(맹모단기) : 맹자(孟子)의 어머니가 베를 끊어버렸다는 뜻. 학업을 중도에서 포기함을 훈계(訓戒)하는 말.

149) 面從腹背(면종복배) : 겉으로는 복종하는 체하면서 내심으로는 배반함.

150) 明鏡止水(명경지수) : 맑은 거울과 고요한 물. 잡념이나 허욕이 없이 맑고 조용한 마음.

151) 名實相符(명실상부) : 이름과 실상이 서로 부합되는 것. 알려진 것과 실제 상황이 차이가 없음.

152) 明若觀火(명약관화) : 불을 보는 것과 같이 밝고 분명하게 보임.

153) 命在頃刻(명재경각) : 금방이라도 숨이 끊어질 지경에 이름. 거의 죽게 됨.

154) 明哲保身(명철보신) : 총명하고 도리에 맞게 사물을 처리하고 몸을 온전히 보전한다는뜻.

몸의 안전을 꾀하면서 매사에 법도를 지켜 온전하게 처신하는 태도.

155) 矛盾撞着(모순당착) : 같은 사람의 문장이나 언행이 앞뒤가 서로 어그러져서 모순됨.

156) 目不識丁(목불식정) : 농기구인 고무래(丁)를 보고도 '丁'자를 모른다는 말로, 낫 놓고 기역자도 모른다는 뜻. 글자를 전혀 모름.

157) 目不忍見(목불인견) : 차마 눈을 뜨고는 볼 수 없을 정도로 꼴불견이거나 참혹한 상황.

158) 朦朧蒼茫(몽롱창망) : 어슴프레하고 넓고 멀어 아득하다.

159) 夢寐之間(몽매지간) : 잠을 자면서 꿈을 꾸는 동안.

160) 武陵桃源(무릉도원) : 중국 무릉의 어부가 발견하였다는 전설적인 가공의 땅. 이 세상을 떠난 별천지, 이상향을 이르는 말.

161) 無爲徒食(무위도식) : 하는 일 없이 먹고 놀기만 함. 게을러 능력이 없는 사람.

162) 刎頸之友(문경지우) : 생사를 같이 하여 목이 떨어져도 두려워하지 않을 만큼 친한 사귐 또는 그런 벗. 문경지교(刎頸之交).

163) 文房四友(문방사우) : 서재(書齋)에 꼭 있어야 할 네 벗. 종이, 붓, 벼루, 먹.

164) 聞一知十(문일지십) : 하나를 들으면 열을 미루어 안다. 총명함을 일컬음.

165) 物外閒人(물외한인) : 속세를 벗어난 세계에서 사는 한가한 사람.

166) 美風良俗(미풍양속) : 아름답고 좋은 풍속(風俗).

167) 民貴君輕(민귀군경) : 백성이 존귀하고 사직(社稷)은 그 다음이며, 임금은 가볍다고 한데서 유래한 말.

168) 博覽强記(박람강기) : 동서 고금(古今)의 여러 가지 서적을 널리 많이 읽고, 그 내용을 잘 기억하고 있음.

169) 拍掌大笑(박장대소) : 손바닥을 치면서 크게 웃음.

170) 反目嫉視(반목질시) : 서로 사이가 좋지 않아 미워하고 질투한다.

171) 拔本塞源(발본색원) : 폐해의 근본 원인이 되는 요소를 뽑아 완전히 없애버림.

172) 拔山蓋世(발산개세) : 산을 뽑고 세상을 덮을 만한 기상(氣像). 매우 뛰어난 기운(氣運) 또는 놀라운 기상(氣像). <사기(史記) 항우본기(項羽本紀)>에나오는 말로, 항우가 해하(垓下)에서 한나라 군사들에게 포위되었을 때 적군들이 사방에서 초나라 노래를 부르는 것을 듣고 읊었다는 시의 한 구절에서 유래한 말이다.

173) 拔萃抄錄(발췌초록) : 여럿 속에서 중요한 것을 뽑아 간단히 적어 둔 것.

174) 傍若無人(방약무인) : 옆에 사람이 아무도 없는 것처럼 거리낌 없이 마음대로 행동함.

175) 蚌鷸之爭(방휼지쟁) : 도요새와 조개가 다투다가 둘 다 어부에게 잡히고 말았다는 뜻. 양자가 서로 다투다가 제3자에게 이익을 빼앗김을 비유한 말. '109) 漁父之利(어부지리)' 참조.

176) 背水之陣(배수지진) : 물을 등지고 진을 친다는 뜻. 물러설 곳이 없으니 목숨을 걸고싸울 수밖에 없는 지경(地境)을 이르는 말. 물을 등지고 적과 싸울 진을 치는 진법(陣法).

177) 百家爭鳴(백가쟁명) : 여러 사람이 서로 자기 주장을 내세우는 일. 많은 학자들의 활발한 논쟁을 일컬음.

178) 百計無策(백계무책) : 어떤 어려운 일을 당해 온갖 꾀를 써 보아도 풀 만한 계교(計巧)나 대책이 없음.

179) 百年河淸(백년하청) : 중국의 황하가 항상 흐려 맑을 때가 없다는 말. 어떤 일이 아무리 오래 되어도 이루어지기 어려움을 비유하는 말.

180) 白面書生(백면서생) : 얼굴이 흰 선비. 업무에 대한 실제적인 경험이 없고 책을 통한 이론으로만 아는 사람을 가리킨다.

181) 百發百中(백발백중) : 총포나 활 따위를 겨누어서 쏠 때 백 발을 쏘면 백 발이 모두 과녁에 맞는다. 예상했던 일이 모두 순조로워 틀리지 않고 꼭 들어맞음.

182) 百戰老將(백전노장) : 수많은 전투를 치른 노련(老鍊)한 장수(將帥)란 뜻. 세상 일에 경험이 많아 여러 가지로 능란(能爛)한 사람을 이르는 말.

183) 百戰百勝(백전백승) : 백 번 싸워 백 번 이긴다는 뜻. 싸울 때마다 번번이 이김.

184) 百折不撓(백절불요) : 백 번 쓰러져도 굽히지 않음. 실패를 거듭해도 뜻을 굽히지 않음.

185) 百折不屈(백절불굴) : 수없이 꺾여도 굽히지 않음. 어떤 어려움에도 굽히지 않음.

186) 伯仲之間(백중지간) : 백은 맏이, 중은 둘째로, 실력이 서로 비슷하여 낫고 못함이 없는 사이를 뜻함. 난형난제(難兄難弟)와 같음.

187) 變化難測(변화난측) : 변화가 심하여 이루 다 측량하기 어려움.

188) 步武堂堂(보무당당) : 걸음걸이가 활달하고 당당함.

189) 輔車相依(보거상의) : 수레의 덧방나무(輔)와 바퀴(車)가 서로 의지한다는 뜻. 이 두 부분이 서로 움직여 작용하는 것으로, 서로 돕고 의지하지 않으면 그 존재를 보존하기 어려운 관계를 비유한 말.

190) 普遍妥當(보편타당) : 특별하지 않고 형편이나 사리에 맞아 적당함. 어디에나 두루 통하고 형편이나 이치에 마땅하다.

191) 富國强兵(부국강병) : 부유한 나라와 강한 군사라는 뜻. 나라를 부유하게 하고, 군대를 강하게 함.

192) 父子有親(부자유친) : 아버지와 아들 간의 관계와 도리는 친애(親愛)함에 있음.

193) 附和雷同(부화뇌동) : 우레 소리에 맞춰 함께 한다는 뜻. 아무 비판 없이 타인의 말에 덩달아 따르다.

194) 北窓三友(북창삼우) : 백거이(白居易)의 북창삼우시에서 유래(由來)한 말. 거문고와 시(詩)와 술을 아울러 일컬음.

195) 粉骨碎身(분골쇄신) : 뼈가 가루가 되고 몸이 부서진다는 뜻. 있는 힘을 다해 노력하거나 남을 위해 희생적으로 수고를 아끼지 않음.

196) 焚書坑儒(분서갱유) : 책을 불태우고 유학자들을 생매장(生埋葬)하여 죽인다는 뜻. 진(秦)나라의 시황제(始皇帝)가 학자들의 정치 비평을 금하기 위하여 경서(經書)를 불태우고 학자들을 구덩이에 생매장하여 베푼 가혹(苛酷)한 정치를 일컫는 말.

197) 不可抗力(불가항력) : 인간의 힘으로는 도저히 저항해 볼 수 없음. 천재지변 등 사람의 힘으로는 어찌할 수 없는 자연의 위대함을 이르는 말.

198) 不共戴天(불공대천) : 한 하늘 아래서는 같이 살 수가 없는 원수지간(怨讐之間)을 가리킬 때 쓰는 말.

199) 不立文字(불립문자) : 문자(文字)로는 교(敎)를 세울 수 없다. 진정한 진리는 말이나 글로 전할 수 없다는 뜻. 불교(佛敎) 선종(禪宗)의 처지(處地)를 나타내는 표어.

200) 不問可知(불문가지) : 묻지 않아도 옳고 그름을 가히 알 수 있다.

201) 不遠千里(불원천리) : 천 리 길도 멀다 하지 않는다는 뜻. 먼 길인데도 개의치 않고 열심히 달려감을 이르는 말.

202) 不撤晝夜(불철주야) : 밤낮을 가리지 않고, 조금도 쉴 사이 없이 일에 힘쓰다.

203) 不恥下問(불치하문) : 아랫사람에게 묻는 것을 부끄럽게 여기지 아니하다.

204) 非夢似夢(비몽사몽) : 꿈인지 생시인지 분간하기 어려워 어렴풋함.

205) 貧者一燈(빈자일등) : 가난한 사람이 바치는 등불 하나라는 뜻. 물질의 많고 적음보다 가

난 속에서도 보인 작은 정성이 더 중요함을 일컫는 말.

206) 事君以忠(사군이충) : 삼국 통일의 원동력이 된 화랑(花郞)의 세속오계(世俗五戒)의 하나. 임금을 섬김에 충성(忠誠)으로써 함.

207) 四端七情(사단칠정) : 성리학(性理學)의 철학적 개념의 하나. 사단(四端)은 인간의 본성에서 우러나오는 마음씨 즉 인의예지(仁義禮智)를 말하고, 칠정(七情)은 인간의 본성이 사물을 접하면서 표현되는 인간의 자연적인 감정 즉 희노애락애오욕(喜怒哀樂愛惡欲)을 말한다.

208) 四面楚歌(사면초가) : 사면(四面)에서 들리는 초(楚)나라의 노래라는 뜻. 전후좌우로 적에게 둘러싸여 곤경에 빠지다. 초(楚)나라 항우(項羽)가 해하(垓下)에서 유방(劉邦)의 한군(漢軍)에게 포위되었을 때, 사방의 한군이 초의 노래를 부르자 초나라 군사가 고향생각으르 한나라에 항복하는 자가 많았음.

209) 娑婆世界(사바세계) : 괴로움이 많은 이 세상. 속세계(俗世界), 인간세계(人間世界).

210) 四分五裂(사분오열) : 네 갈래로 나뉘고 다섯 갈래로 찢어진다는 뜻. 의견이나 영토 따위가 갈라져 통일이 되지 못하다.

211) 駟不及舌(사불급설) : 네 필의 말이 끄는 마차도 사람의 혀에는 미치지 못한다. 사람의 말이란 한 번 입밖에 나가면 소문(所聞)이 빨리 퍼지므로 말조심하라는 뜻.

212) 死生決斷(사생결단) : 죽고 사는 것을 가리지 않고 끝장을 내려고 덤벼듦.

213) 捨生取義(사생취의) : 목숨을 버리고 의리(義理)를 취한다. 비록 목숨을 버릴지언정 옳은 일을 함을 일컫는 말.

214) 事親以孝(사친이효) : 삼국 통일의 원동력이 된 화랑(花郞)의 세속오계(世俗五戒)의 하나. 어버이를 섬김에 효도(孝道)로써 함.

215) 事必歸正(사필귀정) : 처음에는 시비(是非)와 곡직(曲直)을 가리지 못한다 하더라도 모든 일이란 결국에는 반드시 정리(正理)로 돌아감을 일컫는 말.

216) 山窮水盡(산궁수진) : 깊은 산중에 들어가 산은 앞을 가로막고, 물길은 끊어져 더 나아갈 길이 없음. 어려움이 극도에 다달아 아무런 방법이 없음을 이르는 말.

217) 山紫水明(산자수명) : 산빛이 곱고 강물이 맑다는 뜻으로, 산수(山水)가 아름다움을 이르는 말.

218) 殺生有擇(살생유택) : 산 것을 죽일 때는 가려서 죽인다는 뜻. 신라(新羅) 화랑(花郞)의 세속오계(世俗五戒) 중 하나.

219) 殺身成仁(살신성인) : 자신의 몸을 바쳐서 인을 이룬다. 자기의 몸을 희생하여 옳은 도리를 행함.

220) 三顧草廬(삼고초려) : 중국 삼국시대 촉한(蜀漢)의 유비(劉備)가 제갈공명(諸葛孔明)을 세 번이나 찾아가 군사(軍師)로 초빙한 데서 유래한 말. 인재를얻기 위해 참을성 있는 노력을 기울임. 三顧茅廬(삼고모려)와 같은 말.

221) 三伏炎天(삼복염천) : 초복, 중복, 말복의 삼복(三伏) 기간. 가장 무더운 여름 날씨.

222) 三旬九食(삼순구식) : 삼순, 곧 한 달에 아홉 번 밥을 먹는다는 뜻으로, 집안이 매우 가난하여 먹을 것이 없어 굶주린다는 말.

223) 三十六計(삼십육계) : 서른여섯 가지의 계략. 온갖 계책 중에서 줄행랑이 최고라는 뜻. 상황이 불리할 때, 달아나는 일을 속되게 이르는 말.

224) 三從之道(삼종지도) : 여성이 지켜야 할 세 가지 도리. 어렸을 때는 아버지에게 순종하 고, 시집가서는 지아비를 따르고, 늙어서는 자식을 따라야 한다는 말.

225) 三尺童子(삼척동자) : 키가 세 척밖에 안 되는 아이. 견문이 좁은 사람을 이르는 말.

226) 三遷之敎(삼천지교) : 맹자(孟子)의 어머니가 아들의 교육을 위해 세 번 이사를 했다는 고사. 생활 환경이 교육에서 매우 중요한 구실을 하는 것을 이름.

227) 三寒四溫(삼한사온) : 사흘 춥고 나흘 따뜻하다는 뜻. 겨울철에 한국과 중국, 만주 등지에서 주기적으로 3일 가량 추운 날씨가 계속되다가, 다음 4일 가량은 따뜻한 날씨가 이어지는 기후 현상.

228) 傷弓之鳥(상궁지조) : 활에 놀란 새, 즉 활에 상처를 입은 새는 굽은 나무만 보아도 놀란다. 어떤 일에 봉변을 당한 뒤로 뒷일을 경계함을 이르는 말.

229) 桑田碧海(상전벽해) : 뽕밭이 푸른 바다가 된다. 세상의 변천이 심함을 가리킴.

230) 塞翁之馬(새옹지마) : 변방 늙은이의 말(馬). 재앙이 복이 되고 복이 다시 재앙이 되다. 즉 인생을 살아가면서 길흉화복의 변화가 잦은 것을 비유한 말. 인생의 행복, 불행은 서로 인과관계가 있어 예측하거나 속단할 수 없다. 전화위복(轉禍爲福)과 유사함.

231) 生不如死(생불여사) : 몹시 어려운 형편에 빠져 사는 것이 차라리 죽음만 같지 못함을 이르는 말.

232) 生殺與奪(생살여탈) : 살리고, 죽이고, 주고, 빼앗고 함을 마음대로 할 수 있는 절대 권력.

233) 先公後私(선공후사) : 사(私)보다 공(公)을 먼저 앞세움. 공적인 일을 먼저 하고 사사로운 일은 나중에 함을 이르는 말.

234) 善男善女(선남선녀) : 착한 남자와 착한 여자. 젊은 남자와 젊은 여자를 귀하고 좋게 여기는 뜻으로 아울러 이르는 말.

235) 說往說來(설왕설래) : 여러 말이 서로 오고감. 서로 옥신각신하며 변론(辯論)을 주고 받다.

236) 纖纖玉手(섬섬옥수) : 가녀리고 가녀린 옥같은 손. 가냘프고 고운 여자의 손을 일컬음.

237) 城下之盟(성하지맹) : 적군이 성(城) 밑에까지 쳐들어와 할 수 없이 체결하는 맹약(盟約)으로, 대단히 굴욕적인 강화(講和)나 항복(降伏)을 이르는 말.

238) 送舊迎新(송구영신) : 묵은해를 보내고 새해를 맞이함.

239) 世態炎凉(세태염량) : 세태가 뜨거워졌다 차가와졌다 한다. 권력(權力)의 향배(向背)나그 밖의 사정에 따라 아첨(阿諂)하여 좇아가는 세태를 비유하는 말.

240) 騷人墨客(소인묵객) : 시문(詩文)과 서화(書畵)를 일삼는 사람. 문인(文人), 서예가(書藝家), 화가(畵家) 등 풍류를 아는 사람.

241) 小貪大失(소탐대실) : 작은 것을 탐하다가 큰 것을 잃음. 사소한 일에 집착하다가 큰일을 그르치는 경우에 쓰는 말.

242) 束手無策(속수무책) : 손을 묶여 어찌할 방책이 없이 꼼짝 못하게 되는 것. 빤히 보면서 어찌할 바를 모르고 꼼짝 못한다는 뜻.

243) 首丘初心(수구초심) : 여우는 죽을 때 구릉(丘陵)을 향해 머리를 두고 초심(初心)으로 돌아간다는 뜻. 고향을 그리워하는 마음을 이르는 말.

244) 手不釋卷(수불석권) : 손에서 책을 놓지 않는다는 뜻으로, 늘 책이나 글을 읽음을 이르는 말.

245) 水魚之交(수어지교) : 물과 물고기의 사귐. 즉 교분이 매우 깊음.

246) 守株待兎(수주대토) : 그루터기에 앉아 토끼를 기다린다. 힘 들이지 않고 요행을 바라거나 한 가지 일에만 얽매여 발전을 모르는 어리석음을 비유적으로 이르는 말.

247) 壽則多辱(수즉다욕) : 오래 살수록 그만큼 고생이나 욕된 일이 많이 생김을 이르는 말.

248) 宿虎衝鼻(숙호충비) : 자는 호랑이의 코를 찌른다는 뜻. 가만히 있는 사람을 공연히 건드

려서 화를 입거나 일을 그르침을 이르는 말.

249) 脣亡齒寒(순망치한) : 입술이 없으면 이가 시리다. 서로 의지하는 사이에 하나가 망하면 다른 하나도 온전하기 어렵다는 의미.

250) 尸位素餐(시위소찬) : 자기 직책(職責)을 다하지 못하면서 한갓 높은 자리만 차지하고 녹(祿)만 받는 일, 또는 그런 사람.

251) 始終一貫(시종일관) : 처음부터 끝까지 한결같이 관철(貫徹)함.

252) 識字憂患(식자우환) : 글자를 아는 것 즉 학식이 있는 것이 오히려 근심이 된다는 뜻. 똑바르지 못하고 선불리 알아 그 지식이 오히려 걱정거리가 됨.

253) 食前方丈(식전방장) : 사방(四方) 열 자의 상에 잘 차린 음식(飮食)이란 뜻. 큰상에 호화스런 음식을 많이 차려 놓음을 이르는 말.

254) 信賞必罰(신상필벌) : 공로가 있는 사람에게는 반드시 상을 주고, 죄가 있는 사람에게는 반드시 벌을 준다는 뜻으로, 상벌(賞罰)을 공정하고 엄중(嚴重)하게 하는 일.

255) 身言書判(신언서판) : 중국 당대(唐代)의 관리(官吏) 선택의 네가지 표준. 사람됨을 판단하는 네 가지 기준으로서 즉 풍채와 말씨, 문필(文筆)과 판단력.

256) 神出鬼沒(신출귀몰) : 귀신처럼 자유자재로 나타났다가 감쪽같이 사라짐. 날쌔게 나타났다 숨었다 하는 모양.

257) 實事求是(실사구시) : 사실에 의거하여 진리를 탐구한다는 뜻. 공론(空論)만 일삼는 양명학(陽明學)에 대한 반동(反動)으로서 청조(淸朝)의 고증학파(考證學派)가 내세운 표어(標語).

258) 心腹之患(심복지환) : 가슴앓이나 배앓이와 같이 쉽게 고치지 못하는 고질. 없애기 어려운 우환(憂患).

259) 深思熟考(심사숙고) : 깊이 잘 생각하고 고찰함. 신중을 기하여 곰곰이 생각함.

260) 深山幽谷(심산유곡) : 깊숙하고 고요한 산과 골짜기.

261) 十目所視(십목소시) : 열 사람이 보고 있다는 뜻으로 세상 사람을 속일 수 없음을 비유한 말. <대학(大學)>에 나오는 증자(曾子)의 말로, 여러 사람이 다보고 있다는 뜻이다.

262) 十匙一飯(십시일반) : 열 사람이 한 숟가락씩 보태어 한 그릇의 밥이 되다. 즉 여러 사람이 조금씩 힘을 합하면 한 사람을 돕기 쉽다는 뜻.

263) 十日之菊(십일지국) : 국화는 9월 9일이 절정기이므로, 이미 때가 지난 10일날의 국화라는 뜻. 무엇이거나 한창 시기가 지나 때늦은 것을 비유한 말.

264) 阿鼻叫喚(아비규환) : '아비'는 무간지옥(無間地獄)을 말하고, '규환' 역시 옥졸이 몹시 괴롭혀 그 괴로움으로 울부짖는 死後의 지옥(地獄)을 말한다. 모두 팔대지옥(八大地獄)에 속한다. 즉 여러 사람이 비참한 지경에 처하여 쉴 틈 없이 고통을 받아 헤어나려고 울부짖는 것을 형용하는 말이다.

265) 我田引水(아전인수) : 자기 논에 물 끌어대기. 자신에게만 이롭게 행동함.

266) 安居危思(안거위사) : 편안할 때에 어려움이 닥칠 것을 미리 대비해야 함을 이르는 말.

267) 安貧樂道(안빈낙도) : 가난한 생활을 하면서도 그것에 구속되지 않고 편안한 마음으로 도(道)를 즐기며 살아감.

268) 眼下無人(안하무인) : 눈 아래 사람이 없다는 뜻. 다른 사람을 업신여기며 교만함.

269) 暗中摸索(암중모색) : 어둠 속에서 손을 더듬어 찾는다. 어림짐작으로 막연히 사물을 찾으려고 하는 것을 비유하는 말.

270) 愛人如己(애인여기) : 남을 자기 몸처럼 사랑함.

271) 弱肉强食(약육강식) : 약한 것이 강한 것에 먹힘. 생존경쟁(生存競爭)의 살벌함을 표현.

272) 羊頭狗肉(양두구육) : 양의 머리를 걸어놓고 개고기를 판다는 뜻으로, 겉으로는 훌륭한 체하나 실상은 그렇지 못한 것을 말한다. 또 겉과 속이 달라 겉은 괜찮아 보이지만 속은 변변치 못함을 이르는 말이다.

273) 梁上君子(양상군자) : 대들보 위에 있는 군자라는 뜻으로, 집안에 들어온 도둑을 일컫는 말. 또는 도둑을 미화하여 점잖게 부르는 말.

274) 兩是雙非(양시쌍비) : 양편의 주장이 각각 다 이유가 있어서 시비를 가리기 어려움을 이르는 말.

275) 良藥苦口(양약고구) : 좋은 약은 입에 쓰다는 뜻으로, 좋은 충고는 귀에 거슬린다는 말.

276) 養虎遺患(양호유환) : 호랑이를 길러 화근(禍根)을 남긴다는 뜻으로, 화(禍)를 길러 근심을 산다는 말.

277) 漁父之利(어부지리) : '어부의 이득'이라는 뜻으로, 민물조개와 도요새가 싸우는 사이 어부가 두 마리를 다 잡았다는 말. 쌍방이 다투는 사이에 제3자가 이익을 얻는다는 말로 蚌鷸之爭(방휼지쟁)과 같은 의미.

278) 語不成說(어불성설) : 말이 조금도 이치에 맞지 않음.

279) 言語道斷(언어도단) : 말할 길이 끊어졌다는 뜻. 너무 어이가 없어서 말문이 막힘.

280) 言中有骨(언중유골) : 말 속에 뼈가 있다는 뜻으로, 예사로운 말 속에 깊은 속뜻이 숨어 있음을 비유적으로 이르는 말.

281) 如履薄氷(여리박빙) : 얇은 얼음을 밟듯 몹시 위험함을 가리키는 말.

282) 與民同樂(여민동락) : 임금이 백성과 더불어 낙(樂)을 같이 즐김.

283) 如出一口(여출일구) : 여러 사람의 말이 한 입에서 나오는 것처럼 한결같음을 이르는 말.

284) 緣木求魚(연목구어) : 나무에 인연(因緣)하여 물고기를 구(求)한다는 뜻. 목적이나 수단이 일치하지 않는 불가능한 일을 꾀함.

285) 五里霧中(오리무중) : 짙은 안개가 5리나 끼어 있는 곳에 있다는 뜻. 문제가 있으나 해결 방법을 몰라 이러지도 저러지도 못하는 상태를 비유하는 말.

286) 烏飛梨落(오비이락) : 까마귀 날자 배 떨어진다는 뜻으로, 어떤 일이 마침 아무 관계없는 다른 일과 때가 일치해 관계가 있는 것처럼 의심을 받게 됨을 비유적으로 이르는 말.

287) 寤寐不忘(오매불망) : 자나깨나 잊지 못함.

288) 五色玲瓏(오색영롱) : 여러 가지 색이 한데 어울려 찬란하게 빛나다.

289) 吳越同舟(오월동주) : 사이가 좋지 않은 오(吳)나라 사람과 월(越)나라 사람이 같은 배를 타다. 원수지간이 같은 장소 처지에 놓임을 비유한 말.

290) 烏合之衆(오합지중) : 까마귀 떼와 같이 갑자기 훈련도 조직도 없이 모여든 무리. 오합지졸(烏合之卒)과 같은 말.

291) 玉石俱焚(옥석구분) : 옥과 돌이 함께 불타버린다는 뜻. 즉 선인과 악인의 구별도 없이 함께 재앙을 당함.

292) 溫故知新(온고지신) : 옛것을 익히고 그것을 미루어 새것을 안다. 옛 학문을 되풀이하 여 연구하고, 현실에 맞는 새로운 학문을 다시 이해하여야 남을 가르치는 스승의 자리에 오를 수 있음을 표현함.

293) 蝸角之爭(와각지쟁) : 달팽이의 촉각(觸角) 위에서 다툼. 작은 일로 승강이하며 싸움.

294) 臥薪嘗膽(와신상담) : 섶에 누워 쓸개를 맛본다는 뜻으로, 원수를 갚고자 온갖 고생을 참고 견딤을 이르는 말. 춘추(春秋)시대 오왕(吳王) 부차(夫差)가월왕(越王) 구천(句踐)을 쳐서 부왕(父王)의 원수를 갚고자 섶 속에

누워 잠을 자는 고생을 하며 결국 부왕의 원수를 갚은 일, 또 월왕 구천이 오(吳)나라를 쳐서 회계(會稽)의 치욕을 씻고자 쓸개를 핥으며 보복을 잊지 않았다는 고사에서 나온 말. 복수심을 품고 언제나 그것을 생각하며 고난을 참고 견디어 심신을 단련함을 비유함.

295) 玩物喪志(완물상지) : 쓸 데 없는 물건을 가지고 장난을 노는 데 정신이 팔려 소중한 자신의 본바탕과 의지를 잃어버린다는 뜻. 물질에 너무 집착하면 자신의 본질이나 목표를 상실하게 된다는 말.

296) 外柔內剛(외유내강) : 겉으로 보기에는 부드럽고 순하게 보이나 속은 꿋꿋하고 강함.

297) 樂山樂水(요산요수) : 산을 좋아하고 물을 좋아한다는 뜻. 산수경치를 좋아함.

298) 欲速不達(욕속부달) : 빨리 하고자 하면 도달하지 못함. 어떤 일을 급하게 서두르면 이루지 못한다.

299) 龍頭蛇尾(용두사미) : 머리는 용으로 시작했으나 꼬리는 뱀이라는 뜻. 처음에는 그럴듯하다가 나중에는 흐지부지되는 것.

300) 愚公移山(우공이산) : 우공(愚公)이 산을 옮긴다는 뜻. 우공이 길을 내기 위해 자기 집 앞의 산을 옮겼다는 말로 남이 보기에는 어리석은 일처럼 보이지만 끝까지 노력하면 결국 목적을 달성할 수 있음을 이르는 말.

301) 憂愁思慮(우수사려) : 근심과 걱정에 차 생각함. 근심하고 염려하다.

302) 右往左往(우왕좌왕) : 오른쪽으로 갔다 왼쪽으로 갔다 하며 종잡지 못함. 올바른 방향 을 잡거나 차분한 행동을 취하지 못하고 이리저리 왔다갔다하는 모양을 나타내는 말.

303) 牛耳讀經(우이독경) : 쇠귀에 경 읽기. 우둔한 사람은 아무리 가르쳐도 알아듣지 못함을 비유한 말.

304) 羽化登仙(우화등선) : 날개가 돋아 신선이 되어 하늘에 오른다는 뜻. 술이 거나하게 취해 기분이 좋은 모양을 나타냄.

305) 雲泥之差(운니지차) : 구름과 진흙의 차이라는 뜻. 서로의 차이가 매우 심한 것을 비유한 말.

306) 雲上氣稟(운상기품) : 속됨을 벗어난 착하고 고상한 기질과 성품.

307) 遠交近攻(원교근공) : 먼나라와 친하고 가까운 나라는 쳐서 점차 영토를 넓힌다. 중국전국시대(戰國時代)에 범저(范雎)가 진왕(秦王)에게 진언(進言)한 외교정책.

308) 遠禍召福(원화소복) : 화를 멀리하고 복을 불러들인다.

309) 危機一髮(위기일발) : 머리털 하나로 무거운 물건을 끌어 당긴다는 뜻으로, 당장에라도 끊어질 듯 조금도 마음을 놓을 수 없는 절박한 순간.

310) 韋編三絶(위편삼절) : 책을 묶은 가죽끈이 세 번이나 끊어질 정도로 독서에 열심인 것을 비유하여 이르는 말. 공자(孔子)의 고사(故事)에서 유래함.

311) 類萬不同(유만부동) : 비슷한 것들은 수만 가지가 있어도 모든 것이 서로 같지는 않다는 뜻.

312) 有備無患(유비무환) : 미리 준비를 해 두면 나중에 걱정할 일이 없다.

313) 有耶無耶(유야무야) : 있는지 없는지 모를 정도로 희미한 모양.

314) 類類相從(유유상종) : 사람이나 사물은 같은 무리끼리 서로 따른다.

315) 悠悠自適(유유자적) : 속세를 떠나 무엇에 얽매이지 않고 걱정 없이 자유로우며 편안하게 삶.

316) 遺臭萬年(유취만년) : 냄새가 만 년에까지 남겨진다는 뜻. 불명예스럽거나 추악한 이름을 오래도록 남김.

317) 意氣揚揚(의기양양) : 의기가 드높아 매우 자랑스럽게 행동하는 모양. 흥이 나서 기세가 당당함.

318) 隱忍自重(은인자중) : 밖으로 드러내지 않고 속으로 참고 감추어 몸가짐을 신중히 함.

319) 陰德陽報(음덕양보) : 남이 모르는 곳에서 덕행을 쌓은 사람은 뒤에 반드시 그 일이 드러나서 갚음을 받음.

320) 異口同聲(이구동성) : 입은 다르지만 나오는 소리는 같다는 뜻으로, 여러 사람의 말이 한결같음을 이르는 말.

321) 以小事大(이소사대) : 작은 것이 큰 것을 섬긴다. 작은 나라가 큰 나라를 섬김.

322) 以心傳心(이심전심) : 석가(釋迦)와 가섭(迦葉)이 마음과 마음으로 통한다는 뜻. 말을 하지 않아도 마음으로써 마음을 전하다.

323) 以熱治熱(이열치열) : 열로써 열을 다스린다는 뜻. 힘에는 힘으로 강함에는 강함으로 대응하는 것을 비유함.

324) 利用厚生(이용후생) : 기구(器具)의 사용을 편리하게 하고 재물을 풍족하게 하여 백성의 생활을 나아지게 함.

325) 理判事判(이판사판) : 불교의 수행 승려인 이판승(理判僧)과 행정을 담당하는 사판승(事判僧)의 권력 다툼에서 나온 말. 일이 막다른 데 이르러 어찌할 수

없게 된 지경을 뜻함.

326) 因果應報(인과응보) : 원인과 결과는 서로 물고 물린다는 뜻. 좋은 일에는 좋은 결과가 따르고 나쁜 일에는 나쁜 결과가 온다.

327) 引過自責(인과자책) : 자기의 잘못을 뉘우치고 스스로 꾸짖음.

328) 人面獸心(인면수심) : 얼굴은 사람 모습을 하였으나 마음은 짐승과 같다는 뜻. 남의 은혜를 모르고 마음이나 행동이 몹시 흉악한 사람을 이르는 말.

329) 人事不省(인사불성) : 정신을 잃고 의식(意識)을 모른다는 뜻. 의식을 잃어 제 돈에 벌어지는 일조차 모르게 된 상태.

330) 人死留名(인사유명) : 사람은 죽어서 이름을 남긴다는 뜻. 사람의 삶이 헛되지 않으면 그 이름이 길이 남음을 이르는 말.

331) 人生三樂(인생삼락) : 맹자(孟子)가 말한 인생의 세 가지 즐거움. 군자삼락(君子三樂)과 같음.

332) 因循姑息(인순고식) : 구습을 고치지 아니하고 눈앞의 편안함만 취함. 일을 행함에 있어 결단력 없이 우물쭈물함.

333) 仁者無敵(인자무적) : 어진 사람은 모든 사람을 사랑하므로 천하에 적대할 사람이 없음.

334) 一刻千金(일각천금) : 아무리 짧은 시간도 천금에 해당할 만큼 큰 가치가 있음을 이르는 말. 중국 북송(北宋)의 시인 소식(蘇軾)의 시에서 나온 말

335) 一擧兩得(일거양득) : 한 번 들어 둘을 얻는다는 뜻. 한 가지 일을 하여 두 가지 이득을 얻음.

336) 一刀兩斷(일도양단) : 한칼로 쳐서 두 동강이를 낸다는 뜻. 어떤 일을 머뭇거리지 않고 선뜻 결정함을 비유적으로 이르는 말.

337) 一網打盡(일망타진) : 한 그물로 물고기를 모조리 잡는다는 뜻. 한꺼번에 모조리 잡다.

338) 一面如舊(일면여구) : 단 한 번 만나서 사귀어 옛 친구처럼 친해진다.

339) 一鳴警人(일명경인) : 한 마디 말로 뭇 사람을 놀라게 한다.

340) 一問一答(일문일답) : 하나의 물음에 대하여 하나씩 대답함. 또는 그 일을 되풀이함.

341) 日薄西山(일박서산) : 해가 서산에 가깝다는 뜻. 나이가 들어 목숨이 얼마 남지 않았음을 비유하는 말. 일락서산(日落西山).

342) 一罰百戒(일벌백계) : 한 사람을 벌주어 백 사람을 경계한다는 뜻. 경각심을 불러 일으키기 위해 본보기로 한 사람에게 중한 처벌을 내리다.

343) 一瀉千里(일사천리) : 한 번 쏟아진 물이 천리를 흐른다. 즉 일이 막힘 없이 잘 진행됨을 비유하는 말.

344) 一魚濁水(일어탁수) : 한 마리의 물고기가 물을 흐린다는 뜻. 한 사람의 잘못으로 여러사람이 그 피해를 입게 됨을 비유함.

345) 一葉知秋(일엽지추) : 낙엽 하나가 떨어짐을 보고 가을이 오는 것을 안다는 뜻. 한 가지 일을 보고 장차 있을 일을 미리 짐작함.

346) 一以貫之(일이관지) : 하나로써 그것을 꿰뚫었다는 뜻. 하나의 이치로써 모든 것을 일관(一貫)하여 처음부터 끝까지 변하지 않고 밀고 나감.

347) 一日三秋(일일삼추) : 하루가 삼 년 같다는 뜻. 사랑하는 사람끼리 사모하는 마음이 간절하여 하루가 삼 년 같이 생각되다. 일일여삼추(一日如三秋).

348) 一長一短(일장일단) : 하나의 장점과 하나의 단점이라는 뜻. 장점도 있고 단점도 있음.

349) 一場春夢(일장춘몽) : 한바탕 꿈처럼 헛된 영화(榮華)나 덧없는 일. 인생의 허무함을 비유함.

350) 一陣狂風(일진광풍) : 한바탕 부는 사나운 바람.

351) 一進一退(일진일퇴) : 한 번 나아갔다 한 번 물러섰다 함. 양 진영(陣營)의 공방(攻防)이 계속됨.

352) 一觸卽發(일촉즉발) : 한 번 닿기만 해도 폭발한다는 뜻. 조금만 건드려도 곧 폭발할것 같은 몹시 위험한 상태.

353) 日就月將(일취월장) : 날마다 달마다 성장하고 발전한다는 뜻. 사업이나 학업이 날이 갈수록 눈부시게 발전함을 이름.

354) 一敗塗地(일패도지) : 싸움에 한 번 패하여 땅에 떨어진다는 뜻. 여지없이 패하여 다시 일어날 수가 없다.

355) 一片丹心(일편단심) : 한 조각의 붉은 마음이란 뜻. 어떤 대상을 향한 한결같은 참된 정성이나 충성을 말함.

356) 一筆揮之(일필휘지) : 글씨나 그림을 단숨에 줄기차게 써 내려감.

357) 一喜一悲(일희일비) : 한편으로는 기쁘고 또 한편으로는 슬픔. 기쁜 일과 슬픈 일이 번갈아 일어남.

358) 臨機應變(임기응변) : 때와 곳에 따라 그때그때 처한 뜻밖의 일을 알맞은 수단과 방법으로 재빨리 처리함을 이르는 말.

359) 臨戰無退(임전무퇴) : 신라(新羅) 화랑(花郞)의 세속오계(世俗五戒) 중 하나. 전쟁에 임하여 물러서지 않음을 이름.

360) 立春大吉(입춘대길) : 입춘(立春)을 맞이하여 길운을 기원한다는 뜻. 입춘에 대문이나 기둥에 써붙이는 글귀.

361) 入鄕循俗(입향순속) : 다른 지방에 가서는 그곳의 풍속(風俗)을 따르고 지켜야 함.

362) 自家撞着(자가당착) : 자기의 언행에 모순이 많아서 앞뒤가 서로 일치하지 않음.

363) 自强不息(자강불식) : 스스로 힘을 쓰고 쉬지 아니함.

364) 自激之心(자격지심) : 자기가 해놓고 스스로 한 일에 대해 미흡하다고 여기는 마음.

365) 自給自足(자급자족) : 필요한 물건이나 자원 따위를 스스로의 생산으로 충당함.

366) 自問自答(자문자답) : 자기가 스스로 묻고 스스로 대답함.

367) 自繩自縛(자승자박) : 자기의 줄로 자신을 묶는다. 자기가 자기를 망치게 한다는 뜻. 자기의 언행으로 인하여 자신이 꼼짝 못하게 되는 일.

368) 自業自得(자업자득) : 자기가 저지른 일의 결과를 스스로가 돌려받음. 불교(佛敎) 용어.

369) 自然淘汰(자연도태) : 자연적으로 환경에 맞는 것은 남고 그렇지 못한 것은 없어짐.

370) 自由自在(자유자재) : 자유롭고 거침이 없이 자기의 마음대로 할 수 있음.

371) 自中之亂(자중지란) : 같은 편 안에서 일어나는 싸움.

372) 自暴自棄(자포자기) : 자신을 해치고 스스로 버린다는 뜻. 자신의 몸가짐이나 행동을 마구 되는대로 함.

373) 自畵自讚(자화자찬) : 자기가 그려놓고 스스로 칭찬하다. 즉 제가 한 일이나 행동을 스스로 칭찬하여 자랑함.

374) 作心三日(작심삼일) : 마음 먹은 지 삼일이 못 간다는 뜻. 한 번 결심한 마음이 사흘을 넘기지 못한다.

375) 張三李四(장삼이사) : 장씨의 셋째 아들과 이씨의 넷째 아들이란 뜻. 성분이나 신분이 뚜렷하지 않은 평범한 사람들을 일컬음.

376) 適口之餠(적구지병) : 입에 맞는 떡이란 뜻. 제 마음에 꼭 드는 사물을 이르는 말.

377) 賊反荷杖(적반하장) : 도적이 오히려 몽둥이를 든다는 뜻. 즉 잘못한 사람이 도리어 반항하고 덤벼들며 잘 한 사람을 나무라는 경우를 말함.

378) 積小成大(적소성대) : 적은 것도 거듭 쌓이면 많아진다.

379) 適材適所(적재적소) : 어떤 일을 맡기기에 적당한 재능을 가진 사람에게 알맞은 지위나 임

무를 맡겨 씀.

380) 積土成山(적토성산) : 작은 것이나 적은 것도 쌓이면 크게 되거나 많아짐.

381) 戰戰兢兢(전전긍긍) : 전전(戰戰)은 겁을 먹고 벌벌 떠는 것. 긍긍(兢兢)은 조심해 몸을 움츠리는 것. 몹시 두려워서 조심하는 심정을 비유함.

382) 輾轉反側(전전반측) : 누워서 이리 뒤척 저리 뒤척 잠을 이루지 못한다는 뜻. 걱정거리로 마음이 괴로워 잠을 이루지 못함.

383) 轉禍爲福(전화위복) : 화가 바뀌어 오히려 복이 된다는 뜻.

384) 切磋琢磨(절차탁마) : 옥돌을 자르고(切), 줄로 쓸고(磋), 끌로 쪼고(琢), 갈아(磨) 빛을 내다라는 뜻. 학문이나 덕행을 열심히 닦는다.

385) 切齒腐心(절치부심) : 이를 갈면서 마음을 썩인다는 뜻. 매우 분하여 한을 품음을 이르는 말.

386) 漸入佳境(점입가경) : 가면 갈수록 경치(景致)가 더해진다는 뜻. 일이 점차 더 재미있는 상황으로 접어듦을 비유함. 주로 비아냥거릴 때 씀.

387) 正經大原(정경대원) : 바른 길과 큰 원칙.

388) 頂門一鍼(정문일침) : 정수리에 침을 한 대 꽂는다는 뜻. 즉 상대방을 크게 놀라도록 깨우쳐 줌. 따끔한 충고(忠告)나 교훈(敎訓).

389) 井底之蛙(정저지와) : 우물 안 개구리. 견문이 좁고 세상 형편을 모르는 사람을 비유함.

390) 正正堂堂(정정당당) : 태도나 처지가 바르고 떳떳함.

391) 糟糠之妻(조강지처) : 가난한 때에 술 지게미(糟)와 쌀겨(糠)로 끼니를 함께 이어가며 고생한 아내. 어려울 때에 고생을 함께 한 아내를 일컬음.

392) 朝令暮改(조령모개) : 아침에 명령을 내리고 저녁에 다시 바꾼다는 뜻. 법령을 너무 자주 고쳐 믿을 수 없음을 이르는 말.

393) 朝飯夕粥(조반석죽) : 아침에는 밥을 먹고 저녁에는 죽을 먹는다. 가난한 생활을 이름.

394) 朝變夕改(조변석개) : 아침, 저녁으로 고쳐 이랬다 저랬다 함. 계획이나 결정 따위를 자주 바꾸는 것을 이름.

395) 朝三暮四(조삼모사) : 송(宋)나라 사람과 원숭이의 고사에서 유래. 아침에 세 개, 저녁에 네 개라는 뜻. 간사한 속임수로 어리석은 이를 농락함을 이름.

396) 鳥足之血(조족지혈) : 새발의 피라는 뜻. 극히 적은 분량을 말함.

397) 種豆得豆(종두득두) : 콩을 심어 콩을 얻는다는 뜻. 원인에 따라 결과가 그대로 생긴다는 말.

398) 左之右之(좌지우지) : 왼쪽으로 돌렸다 오른쪽으로 돌렸다 한다는 뜻. 제 마음대로 자유롭게 처리함. 남을 마음대로 지휘함.

399) 走馬看山(주마간산) : 말을 타고 달리면서 산을 본다는 뜻. 바빠서 자세히 관찰을 못하고 지나치다. 走馬看花(주마간화).

400) 走馬加鞭(주마가편) : 달리는 말에 채찍을 더한다는 뜻. 근면하고 성실한 사람을 더욱 잘하라고 격려함.

401) 酒池肉林(주지육림) : 술이 못을 이루고 고기가 숲을 이룬다는 뜻. 술과 고기로 호화롭게 잘 차린 술잔치. 매우 호화롭고 방탕한 생활을 이르는 말.

402) 竹馬故友(죽마고우) : 대나무 말을 타고 놀던 옛 친구. 어릴 때부터 같이 놀던 친한 친구를 이르는 말.

403) 衆寡不敵(중과부적) : 적은 것으로 많은 것을 대적할 수 없다는 뜻.

404) 衆口難防(중구난방) : 여러 사람의 입을 막기는 어렵다는 뜻으로, 막기 어려울 정도로 여럿이 마구 지껄임을 이르는 말.

405) 衆人環視(중인환시) : 많은 사람이 둘러서서 보다.

406) 櫛風沐雨(즐풍목우) : 바람에 머리를 빗고, 비에 몸을 씻는다는 뜻. 긴 세월을 이리저리 떠돌며 어지러운 세상 속에서 갖은 어려움과 고생을 겪다.

407) 知過必改(지과필개) : 허물을 알면 반드시 고쳐야 한다는 뜻. 누구나 허물이 있는 것이니, 허물을 알면 즉시(卽時) 고쳐야 함.

408) 指鹿爲馬(지록위마) : 사슴을 가리켜 말이라고 한다는 뜻. 고의로 진상을 가리고 시비를 바꾸어 모략하는 것을 비유적으로 이르는 말.

409) 支離滅裂(지리멸렬) : 이리저리 흩어져 갈피를 잡을 수가 없다.

410) 知彼知己(지피지기) : 적을 알고 자기를 알아야 한다는 뜻으로, 자기와 상대의 형편을 자세히 알아야 한다는 의미.

411) 珍羞盛饌(진수성찬) : 맛이 좋은 음식으로 잘 차린 것. 성대하게 차린 진귀한 음식.

412) 進退維谷(진퇴유곡) : 앞으로 나아갈 수도 뒤로 물러설 수도 없이 궁지에 빠진 상태.

413) 嫉逐排斥(질축배척) : 시기하고 미워하여 물리치다.

414) 天高馬肥(천고마비) : 하늘이 높아지고 말이 살찌는 계절인 가을을 가리킴. 원래 고대 중국에서 흉노족의 침입을 두려워하여 나온 말임.

415) 千慮一得(천려일득) : 천 번을 생각하면 한 번 얻는 것이 있다는 뜻. 아무리 우둔한 사람일

지라도 많이 생각하면 좋은 생각을 얻을 수 있음.

416) 千慮一失(천려일실) : 천 가지 생각 가운데 한 가지 실책이란 뜻. 지혜로운 사람이라도 여러 가지 생각을 하다보면 한 가지쯤 잘못된 것이 있을 수 있음을 이르는 말.

417) 天方地軸(천방지축) : 하늘 방향이 어디이고 땅의 축이 어디인지 모른다는 뜻. 매우 급해서 허둥거리는 모습이나 어리석은 사람이 갈 바를 몰라 두리번 거리는 모습을 말함.

418) 泉石膏肓(천석고황) : 샘과 돌이 고황(膏肓)에 들었다는 뜻. 자연을 사랑함이 고치지 못할 고질병(痼疾病)처럼 굳어짐.

419) 天壤之差(천양지차) : 하늘과 땅 사이와 같은 엄청난 차이.

420) 天衣無縫(천의무봉) : 선녀의 옷에는 바느질한 자리가 없다는 뜻. 기교(技巧)를 부린 흔적이 없이 자연스럽게 정리된 시문(詩文)이나 서화(書畵)를 일컫는 말.

421) 千刃萬丈(천인만장) : 천 길 만 길. 매우 깊고 높은 것.

422) 千紫萬紅(천자만홍) : 울긋불긋한 여러 가지 빛깔. 색색의 꽃이 피어 있는 상태를 형용한 말.

423) 千載一遇(천재일우) : 천년에 한 번 만난다는 뜻. 좀처럼 만나기 어려운 좋은 기회를 비유한 말.

424) 天眞爛漫(천진난만) : 천진함이 넘친다는 뜻. 조금도 꾸밈없이 하늘에서 내려 준 그대로의 순결함.

425) 千篇一律(천편일률) : 여러 시문(詩文)의 격조가 변화 없이 비슷비슷하다는 뜻. 여러 사물이 거의 비슷비슷하여 특색이 없음을 비유한 말.

426) 靑山流水(청산유수) : 푸른 산과 흐르는 물이라는 뜻. 말을 거침없이 잘함을 비유함.

427) 靑雲之志(청운지지) : 청운(靑雲)의 뜻. 지조의 고결함 혹은 남보다 훌륭하게 출세할 뜻을 갖고 있는 마음.

428) 靑天白日(청천백일) : 맑게 갠 하늘에서 밝게 비치는 해라는 뜻. 누구나 인정하는 당연한 상황이나 일을 비유하는 말.

429) 靑天霹靂(청천벽력) : 마른하늘에 날벼락. 예기치 못한 곤란이나 큰 사고를 말함.

430) 淸風明月(청풍명월) : 맑은 바람과 밝은 달. 결백(潔白)하고 온건(穩健)한 성격을 평하여

이르는 말, 또는 풍자(諷刺)와 해학(諧謔)으로 세상사(世上事)를 논(論)함을 비유하는 말.

431) 靑出於藍(청출어람) : 쪽에서 나온 푸른색이 쪽보다 더 푸르다는 뜻. 제자가 스승보다 나음을 비유한 말. 청출어람이청어람(靑出於藍而靑於藍)의 준말.

432) 草綠同色(초록동색) : 풀빛과 녹색은 같은 색깔이라는 뜻. 서로 같은 무리끼리 어울린다는 말.

433) 初志不變(초지불변) : 처음에 세운 뜻을 끝까지 밀고 나감.

434) 寸鐵殺人(촌철살인) : 한 치밖에 안 되는 칼로 사람을 죽인다는 뜻. 짧은 경구(警句)나 단어로 사람을 감동시킴을 비유한 말.

435) 秋風落葉(추풍낙엽) : 가을바람에 흩어져 떨어지는 나뭇잎이란 뜻으로 어떤 형세나 세력이 갑자기 기울어지거나 흩어지는 모양을 비유적으로 이르는 말.

436) 春雉自鳴(춘치자명) : 봄이 되면 꿩이 저절로 운다는 뜻. 제 허물을 스스로 드러내어 화를 자초함을 비유한 말.

437) 出沒無雙(출몰무쌍) : 들고 나는 것이 비교할 만한 것이 없이 잦음.

438) 忠言逆耳(충언역이) : 충성스럽고 바른 말은 귀에 거슬린다는 뜻. 바르게 타이르는 말일수록 듣기 싫어함을 이름.

439) 取捨選擇(취사선택) : 취할 것은 취하고 버릴 것은 버린다.

440) 醉生夢死(취생몽사) : 술에 취한 듯 살다가 꿈을 꾸듯이 죽는다는 뜻. 덧없이 살다가 덧없이 죽는 허무한 인생을 이르는 말.

441) 置之度外(치지도외) : 내버려 두고 상대하지 않음.

442) 七去之惡(칠거지악) : 과거 유교(儒敎)의 도덕률(道德律)에서 아내를 내쫓을 수 있는 일곱가지 조건을 이르는 말. 부모에게 순종하지 않는 것, 아들을 못 낳는 것, 부정한 행동을 하는 것, 나쁜 질병에 걸린 것, 투기(妬忌)가 심한 것, 말이 많은 것, 손버릇이 나쁜 것.

443) 七寶丹粧(칠보단장) : 여러 가지 패물로 몸을 단장하다.

444) 七顚八倒(칠전팔도) : 일곱 번 넘어지고 여덟 번 엎어진다는 뜻. 어려운 고비를 많이 겪음.

445) 七縱七擒(칠종칠금) : 제갈공명(諸葛孔明)의 전술로서 일곱 번 놓아주고 일곱 번 잡는다는 말. 상대를 마음대로 하는 자유자재의 전술.

446) 沈思熟考(침사숙고) : 깊이 정신을 모아서 조용히 생각하다.

447) 針小棒大(침소봉대) : 바늘같이 작은 것을 몽둥이 만하다고 크게 부풀려 말한다는 뜻. 즉 작은 것을 크게 과장해서 말함.

448) 快刀亂麻(쾌도난마) : 헝클어진 삼을 잘 드는 칼로 자른다는 뜻. 복잡하게 얽힌 사물이나 비꼬인 문제들을 솜씨 있고 바르게 처리함을 비유해 이르는 말.

449) 他山之石(타산지석) : 다른 산의 돌이라는 뜻. 다른 산에서 난 거칠고 나쁜 돌도 숫돌로 쓰면 자기의 구슬을 가는데 소용이 된다. 남의 하찮은 언행도 나에게 도움이 될 수 있다.

450) 打草驚蛇(타초경사) : 풀을 쳐서 뱀을 놀라게 한다는 뜻. 을(乙)을 징계하여 갑(甲)을 경계함을 이르는 말.

451) 卓上空論(탁상공론) : 탁자 위에서만 펼치는 헛된 논설이란 뜻. 실현성이 없는 허황된 이론을 일컬음.

452) 貪官汚吏(탐관오리) : 탐욕이 많아 부정을 일삼는 벼슬아치를 말함.

453) 泰山北斗(태산북두) : 중국 제일의 명산인 태산(泰山)과 북두성(北斗星)이라는 뜻. 학문적인 성과나 덕이 높은 사람을 비유적으로 이르는 말. 준말로 태두(泰斗)가 많이 쓰임.

454) 兎死狗烹(토사구팽) : 사냥하러 가서 토끼를 잡으면, 사냥하던 개는 쓸모가 없게 되어삶아 먹는다는 뜻. 일시적으로 사람을 이용하고는 목적이 이루어지면 버리는 것을 비유한 말.

455) 波瀾重疊(파란중첩) : 물결 위에 물결이 일다라는 뜻. 일의 진행에 있어서 변화나 기복이 많음.

456) 破竹之勢(파죽지세) : 대나무를 쪼개는 기세라는 뜻. 대나무가 단번에 쪼개지는 것 같은 왕성한 기운. 세력이 워낙 빠르게 확산되어 누구도 막을 수 없는 경우를 비유적으로 이르는 말.

457) 敗家亡身(패가망신) : 가산(家産)을 탕진하고 몸을 망침.

458) 抱腹絶倒(포복절도) : 배를 안고 넘어진다는 뜻. 몹시 우스워서 배를 안고 몸을 가누지 못할 만큼 웃는 것을 말함.

459) 表裏不同(표리부동) : 겉과 속이 같지 않음이란 뜻. 마음이 음흉(陰凶)하여 겉과 속이 다름.

460) 風樹之嘆(풍수지탄) : 부모에게 효도를 다하려고 생각할 때에는 이미 돌아가셔서 그 뜻을

이룰 수 없음을 이르는 말.

461) 風前燈火(풍전등화) : 바람 앞의 등불이란 뜻. 사물이 오래 견디지 못하고 매우 위급한 자리에 놓여 있음을 가리키는 말.

462) 風餐露宿(풍찬노숙) : 비바람을 맞으며 밥을 먹고 길에서 이슬을 맞으면서 잔다는 뜻. 큰 뜻을 이루려는 사람이 떠돌아다니며 고초를 겪는 모양.

463) 下石上臺(하석상대) : '아랫돌 빼서 윗돌 괴고, 윗돌 빼서 아랫돌 괴기'라는 뜻 임기응변(臨機應變)으로 어려운 일을 처리함을 말함.

464) 下愚不移(하우불이) : 어리석고 못난 사람의 버릇은 고치지 못함

465) 下厚上薄(하후상박) : 아랫사람에게 후하고 윗사람에게 박함.

466) 何厚何薄(하후하박) : 어느 쪽은 후하게 하고 어느 쪽은 박하게 한다는 뜻으로, 차별을 두어 대함을 이르는 말.

467) 鶴首苦待(학수고대) : 학처럼 목을 길게 빼고 기다린다는 뜻. 몹시 기다림을 이르는 말.

468) 汗牛充棟(한우충동) : 수레에 실어 운반하면 소가 땀을 흘리고, 쌓아 놓으면 들보에 닿을 정도로 양이 많다는 뜻. 책이 많은 것을 비유한 말.

469) 割半之痛(할반지통) : 몸의 반쪽을 떼어내는 고통이라는 뜻. 형제자매가 죽은 슬픔을 비유적으로 이르는 말.

470) 割恩斷情(할은단정) : 은정(恩情)을 끊음.

471) 含憤蓄怨(함분축원) : 분한 마음을 품고 원한을 쌓음.

472) 咸興差使(함흥차사) : 심부름 간 사람이 돌아오지 않거나 아무 소식이 없다. 조선 태조이성계에 얽힌 고사.

473) 恒茶飯事(항다반사) : 일상에서 늘 있는 대수롭지 않고 흔한 일.

474) 偕老同穴(해로동혈) : 부부가 한평생 같이 지내며 같이 늙고, 죽어서는 같은 무덤에 들어 영원히 함께 함. 부부 사랑의 굳은 맹세를 듯하거나, 부부 사이에 금실이 좋은 것을 비유하는 말.

475) 虛禮虛飾(허례허식) : 마음이나 정성이 없이 겉으로만 번드르르하게 꾸밈.

476) 虛無孟浪(허무맹랑) : 말하기 어려울 만큼 터무니없고 거짓되어 실상(實相)이 없음.

477) 虛心坦懷(허심탄회) : 마음을 비우고 생각을 터놓음.

478) 虛張聲勢(허장성세) : 헛되이 목소리의 기세만 높인다는 뜻으로, 실력이 없으면서도 허세로만 떠벌림.

479) 虛虛實實(허허실실) : '허실(虛實)의 계책을 써서 싸운다'는 뜻. 서로 계략이나 기량을 다 하여 적의 실(實)을 피하고 허(虛)를 틈타 싸움.

480) 賢問愚答(현문우답) : 어진 물음에 대한 어리석은 대답.

481) 懸河口辯(현하구변) : 거침없이 흐르는 물처럼 능(能)하게 잘 하는 말.

482) 螢雪之功(형설지공) : 반딧불과 눈빛으로 이룬 공이라는 뜻. 가난 속에서 고생하며 공부하여 마침내 큰 공을 이룸을 일컫는 말.

483) 互角之勢(호각지세) : 서로 뿔을 맞대고 있는 형세. 서로 조금도 낫고 못함이 없는 자세를 비유하는 말.

484) 糊口之策(호구지책) : 입에 풀칠하다라는 뜻. 겨우 먹고 살아갈 방법.

485) 好事多魔(호사다마) : 좋은 일에는 나쁜 일이 많이 뒤따른다.

486) 好生之德(호생지덕) : 죽일 형벌에 처할 죄인을 특별히 살려 주는 제왕(帝王)의 덕(德). 생물이 살아 있는 것을 좋아하는 덕.

487) 虎視眈眈(호시탐탐) : 호랑이가 먹이를 노린다는 뜻. 사나운 눈으로 기회를 노리며 형세를 살핌.

488) 浩然之氣(호연지기) : 하늘과 땅 사이에 가득 찬 넓고 큰 정기(精氣). 공명정대하고 막힘이 없는 기상(氣像).

489) 昏定晨省(혼정신성) : 저녁에는 부모님의 잠자리를 보아 드리고 아침에는 잘 주무셨나 살펴보는 것. 즉 자식이 조석(朝夕)으로 부모의 안부를 물어 살핌.

490) 畵龍點睛(화룡점정) : 양나라의 승요가 벽에 그린 용에 눈동자를 그렸더니 하늘로 올라갔다는 고사. 가장 긴요한 부분을 마치어 완성시키다라는 뜻.

491) 畵蛇添足(화사첨족) : 뱀을 다 그리고 나서 있지도 아니한 발을 덧붙여 그려 넣는다는 뜻. 쓸데없는 군짓을 하여 도리어 잘못되게 함을 이르는 말.

492) 花容月態(화용월태) : 꽃다운 얼굴과 달 같은 자태라는 뜻. 아름다운 여인의 얼굴과 맵시를 이르는 말.

493) 換骨奪胎(환골탈태) : 환골(換骨)은 옛사람의 시문(詩文)을 본따서 어구를 만드는 것, 탈태(奪胎)는 고시(古詩)의 뜻을 본따서 원시(原詩)와 다소 뜻을다르게 짓는 것을 말함. 근자에는 뜻이 약간 변하여 심기일전(心機一轉)함을 뜻하는 것으로 쓰이기도 함.

494) 荒唐無稽(황당무계) : 허황되고 근거가 없다는 뜻. 하는 일이 너무 어처구니가 없어 달리

그런 경우를 찾기 어려움.

495) 膾炙人口(회자인구) : 생선회(膾)와 구운 고기(炙)는 사람들이 좋아하고 찾아서 입에 자주 오르내리는 데서 나온 말. 맛있는 음식처럼 시문(詩文) 등이 사람들의 입에 많이 오르내리고 찬양을 받는 것.

496) 會者定離(회자정리) : 만나면 언젠가는 헤어지게 되어 있다는 뜻.

497) 後生可畏(후생가외) : 젊은 후학들을 두려워할 만하다는 뜻. 곧 젊은 후배들이 기력이좋고 선의의 가르침을 배워 어떤 훌륭한 인물이 될지 모르기 때문에 가히 두렵다는 말.

498) 厚顔無恥(후안무치) : 얼굴이 두껍고 뻔뻔스러워 부끄러움이 없다는 뜻.

499) 興亡盛衰(흥망성쇠) : 흥(興)하고 망(亡)함과 성(盛)하고 쇠(衰)함. 곧 어떤 사물 현상이 생겨나서 소멸하는 전 과정을 이르는 말.

500) 興盡悲來(흥진비래) : 즐거운 일이 다하면 슬픈 일이 닥쳐온다는 뜻. 세상일은 좋고 나쁜 일이 돌고 돌아 순환됨을 이르는 말.

II. 한문漢文 독해

1. 기초 한문 독해

(1) 한자어의 구조

고대(古代) 한문(漢文)은 원칙적으로 단음절(單音節)언어이므로 한 글자가 하나의 의미소(意味素)가 되어 하나의 단어를 형성할 수 있지만, 둘 이상의 의미소가 서로 결합하여 새로운 단어나 성어(成語)를 형성하기도 한다. 의미소 간의 결합은 일정한 규칙에 의해 이루어지며, 이것이 바로 한문(漢文) 문법(文法)의 기초가 된다. 이러한 결합규칙을 잘 이해해야 한자어 단어나 성어의 의미를 제대로 이해할 수 있다.

한자어의 결합규칙은 일반적으로 아래 몇 가지로 나눌 수 있다.

1) 주술(主述) 관계 (主語+述語)

주어와 술어의 관계로 짝지어진 한자어로서 술어는 주어에 대한 진술(陳述)을 표현한다. 즉 주어는 동작 행위의 주체이며, 술어는 주어의 동작이나 상태를 나타낸다. 술어는 동사나 형용사 모두 충당될 수 있다.

예) 山高, 水淸, 月明, 年小, 春來, 花開, 日出, 日沒

2) 술목(述目) 관계 (述語+目的語)

술어와 목적어의 관계로 짝지어진 한자어로서 술어는 의미상 목적대상을 지배(支配)한다.

예) 讀書, 愛國, 乘車, 決勝, 脫衣, 植木, 成功, 成事, 敬老, 登山, 入學, 有名, 無識, 歸家

3) 술보(述補) 관계 (述語+補語)

술어와 보어의 관계로 짝지어진 한자어이다. 술어는 동작, 행위, 상태에 대한 서술과 묘사이며, 보어는 이에 대한 결과를 보충 설명한다. 선진(先秦)시기에는 없었으나 한대(漢代) 이후 생겨난 구조이다.

예) 說明, 打破, 擴大, 增强, 革新, 改進, 改良, 改善

4) 수식(修飾) 관계 (修飾語+被修飾語)

꾸미는 말과 꾸밈을 받는 말의 관계로 짝지어진 한자어이다.

① 한정어(限定語)+중심어(中心語)

예) 美女, 野獸, 大門, 韓屋, 洋屋, 草家, 明月, 國土, 地上, 家事, 吉夢, 外國

② 부사어(副詞語)+중심어(中心語)

예) 廣告, 至當, 必勝, 徐行, 疾走, 晩成, 未知, 非常

5) 병렬(竝列) 관계

같은 성분의 한자끼리 나란히 짝지어진 한자어로서, 병렬 관계를 세분하면 반의(反意), 유사(類似), 대등(對等), 전환(轉換), 첩어(疊語) 관계로 나눌 수 있다.

① 반의(反意) 관계

뜻이 상반(相反)되는 한자끼리 짝지어진 한자어이다.

예) 大小, 多少, 强弱, 高低, 長短, 是非, 貧富, 往來, 東西, 南北, 上下, 前後, 左右, 天地

② 유사(類似) 관계

뜻이 서로 같거나 비슷한 한자끼리 짝지어진 한자어이다.

예) 道路, 巖石, 土地, 家屋, 樹木, 巨大, 希望, 海洋, 星辰, 存在, 質問, 計算, 順序, 始初, 心情, 知識

③ 대등(對等) 관계

뜻이 서로 대립되는 한자끼리 짝지어진 한자어이다.

예) 日月, 山水, 草木, 父母, 子女, 兄弟, 姉妹, 夫婦, 言行, 仁義, 忠孝, 眞善美

④ 전환(轉換) 관계

나눌 수 없는 두 의미소(意味素)가 결합하여 새로운 뜻으로 전환되는 관계이다.

예) 春秋, 光陰, 矛盾, 白眉, 琴瑟, 嚆矢, 秋毫, 杞憂, 膏粱, 棟梁, 菽麥

⑤ 첩어(疊語) 관계

똑같은 글자를 중첩하여 만든 한자어이다.

예) 年年, 代代, 高高, 曲曲, 浩浩, 深深, 處處, 悠悠, 急急, 寂寂, 正正堂堂

(2) 한문의 품사(品詞)

한문에서 품사를 분류한 것은 1898년 중국의 마건충(馬建忠)이 <마씨문통(馬氏文通)>에서 처음으로 시도한 것이다. 이후 여러 문법서들이 마건충의 문법을 따라 문법서를 저술했는데, 이는 본래 서양의 문법체계를 모방하여 분류해낸 것이며, 한문에서의 품사 분류는 사실 여러 가지로 어려운 문제들이 존재한다.

언어의 유형학(類型學)적 분류상 중국어는 전형적인 고립어(孤立語)에 속하는데, 하나의 품사가 고유의 문법적 성질로 작용할 뿐만 아니라 때때로 또다른 품사로서의 역할을 수행할 수도 있다. 이를 활용(活用)이라 하는데, 중국어에서의 활용은 교착어(膠着語)나 굴절어(屈折語)의 특성과는 달리 조사(助詞)나 접사(接詞)의 아무런 변화 없이 본래 글자 그대로 활용이 되기 때문에 이를 파악하기가 쉽지 않으며, 따라서 여러 가지 논란도 많이 발생할 수 있다.

1) 명사(名詞)

명사는 사물의 이름을 나타내는 품사이다. 일반적인 사물이나 추상적인 것, 고유한 것의 이름들 모두 이에 속한다.

父, 母, 兄, 弟, 人, 山, 水, 木, 花, 鳥, 獸, 蟲, 魚, 善惡, 仁義, 政治, 經濟, 白頭山, 漢江……

예) 人爲萬物之靈　　山高月小　　善惡皆吾師

2) 대명사(代名詞)

사람이나 사물을 대신하여 가리키는 품사이다.

㉠ 인칭대명사(人稱代名詞):

1인칭-- 我, 吾, 余, 予, 己, 僕, 朕, 寡人, 小人, 小生, 小子…
2인칭-- 汝, 女, 君, 而, 爾, 若, 乃, 子, 貴下, 閣下…
3인칭-- 他, 彼, 渠, 夫, 之…

㉡ 지시대명사(指示代名詞): 此, 彼, 其, 斯, 是, 或, 之…

㉢ 의문대명사(疑問代名詞): 誰, 孰, 何, 豈, 安, 寧, 焉…

예) 吾十有五, 而志于學. 知之爲知之 不知爲不知 是知也. 孰能無惑.

3) 동사(動詞)

사람이나 사물의 동작, 행위, 존재, 소유 등을 나타내는 품사이다.

去, 來, 說, 食, 笑, 想, 死, 走, 悔, 恨, 愛, 落, 在, 有……

예) 今上岳陽樓. 託於朋友. 男兒得志.

4) 형용사(形容詞)

사물의 모습, 성질, 상태 등을 묘사하는 품사이다.

大, 小, 長, 短, 紅, 白, 靑, 黃, 貧, 富, 貴, 賤, 聰明, 伶俐, 愚鈍, 寂寂……

예) 山高水長. 何論賢愚. 月明星稀. 巧言令色, 鮮矣仁.

5) 부사(副詞)

사물의 程度, 範圍, 時間, 場所, 否定 등을 표시하는 품사이다. 동사나 형용사, 혹은 또다른 부사 앞에서 그 뜻을 한정(限定)한다.

㉠ 정도부사: 更, 最, 甚, 極, 頗, 稍, 略……
㉡ 범위부사: 又, 亦, 且, 竟, 皆, 卽, 就, 總……
㉢ 시간부사: 今, 昔, 將, 先, 後, 久, 暫, 正, 方, 纔, 剛, 忽, 又, 復……
㉣ 장소부사: 內, 外, 上, 下, 前, 後, 左, 右, 東, 西, 南, 北……
㉤ 부정부사: 不, 勿, 未, 莫, 休, 別……

예) 將有以利吾國乎. 事勢甚急. 奔流到海不復廻. 莫談國事.

6) 조동사(助動詞)

능원(能願)조동사는 동사를 직접 수식하여 능력이나 염원을 표시한다. 수동이나 사역의 조동사는 동사나 명사성성분과 결합하여 수동(受動), 사역(使役)의 의미를 나타낸다.

㉠ 능원(能願): 可, 能, 得, 敢, 欲, 當
㉡ 수동(受動): 被, 見, 爲
㉢ 사역(使役): 使, 令, 敎, 遣

예) 水深可知, 人心難知. 信而見疑, 忠而被謗. 令我誦左傳.

7) 수사(數詞)

사람이나 사물의 숫자를 표시하는 품사이다.

一, 二, 三, 四, 十, 百, 千, 萬, 億……

예) 吾十有五而志于學, 三十而立, 四十而不惑, 五十而知天命, 六十而耳順, 七十而從心所欲, 不踰矩.

8) 접속사(接續詞)

단어와 단어, 구절과 구절, 문장과 문장을 이어주는 역할을 하는 품사이다.
及, 且, 與, 而, 則, 因, 故, 乃, 況, 然, 以……

예) 汝與我俱爲大學生. 求則得之, 舍則失之. 溫故而知新.

9) 개사(介詞)

혼자서는 기능을 하지 못하며, 명사성 성분과 결합하여 그 뜻을 돕거나 강조하는 역할을 한다.
於, 于, 乎, 以, 自, 由, 之……

예) 君子以德報怨. 立身行道, 揚名於後世. 國家之敗, 由官邪也.

10) 어기사(語氣辭)

문두나 문말에 위치하여 말의 느낌을 표현한다.
夫, 維, 蓋, 乎, 也, 焉, 哉, 耳, 耶, 歟……

예) 蓋天下萬物之萌生, 靡不有死. 然則王之所大欲, 可知已. 嗚呼哀哉!

11) 감탄사(感歎詞)

감탄을 표시하는 품사로서 문장에서 독립적으로 사용된다.
噫, 嗚呼, 惡, 噫嗚, 噫乎, 吁嗟……

예) 嗚呼痛哉! 噫!

(3) 한문의 문형(文型)

한문의 기본적인 문형은 크게 세 가지로 구분하여 볼 수 있다. 이 외에도 복잡한 구조가 있기는 하지만, 이 세 가지 기본형식에서 각각의 성분에 수식어가 첨가된 형식이라 보면 된다. 문장 내에서 가장 중요한 주어, 술어, 목적어를 먼저 찾아낼 수 있어야 하고, 그 외의 성분들은 모두 수식성분인 한정어(限定語)나 부사어(副詞語)로 보면 된다.

1) 제1형식: 주어+술어

가장 단순한 '주어+술어'의 형식이다.

山紫水明. 天佑神助. 烏飛梨落. 外柔內剛. 少年易老學難成.

大器晩成. 農者天下之大本.

2) 제2형식: (주어)+술어+목적어

'술어+목적어'의 형식이며, 주어는 생략된 형태로 나타나기도 한다.

君子有三樂. 殺身成仁. 溫故知新. 吾日三省吾身.

3) 제3형식: 주어+술어+목적어+보어

'주어+술어+목적어'구조에 개사(介詞)구조가 보어로 추가된 형식이다.

人知其智不凡. 靑取之於藍. 勸一杯酒於君.

(4) 한문의 형식(形式)

1) 부정형(否定形)

仁者無敵. 盛年不重來. 不學無識. 子欲養而親不待.
無是非之心非人也. 未聞好學者也.

2) 의문형(疑問形)

何以知之? 賢者亦有此樂乎? 是誰之過與? 子將安之? 何取於水也?
來言不美, 去言何美? 學而時習之, 不亦說乎? 弟子孰爲好學?

3) 가정형(假定形)

不入虎穴, 不得虎子. 二人同心, 其利斷金. 水至淸則無魚.
材雖美不學不高.

4) 비교형(比較形)

霜葉紅於二月花. 百聞不如一見. 至樂莫如讀書. 衣莫若新, 人莫若故.
寧爲鷄口, 無爲牛後.

5) 사동형(使動形)

天帝使我長百獸. 令諸君知之. 先生使弟子勉學. 遂敎方士慇懃覓.

6) 피동형(被動形)

匹夫見辱. 夫爲盜所殺. 項王身亦被十餘創. 勞力者治於人. 恐見欺.
身爲宋國笑.

7) 금지형(禁止形)

無道人之短, 無說己之長. 勿謂今日不學而有來日. 勿失好機.
己所不欲, 勿施於人.

8) 감탄형(感歎形)

賢哉, 回也! 嗚呼, 國恥民辱, 乃至於此! 惡, 是何言也!

(5) 기초한문 독해

三綱(삼강)

父爲子綱 (아버지는 아들의 근본이 되며)
君爲臣綱 (임금은 신하의 근본이 되며)
夫爲婦綱 (남편은 아내의 근본이 된다)

五倫(오륜)

父子有親 (아버지와 아들은 친함이 있으며)
君臣有義 (임금과 신하는 의가 있으며)
夫婦有別 (남편과 아내는 분별이 있으며)
長幼有序 (어른과 어린이는 차례가 있으며)
朋友有信 (친구 간에는 믿음이 있느니라)

朱子十悔訓(주자 십회훈)

不孝父母死後悔 (부모에게 효도하지 않으면 돌아가신 뒤에 뉘우친다)
不親宗族疎後悔 (종족에게 친절하지 않으면 헤어진 후에 뉘우친다)
不接賓客去後悔 (손님을 접대하지 않으면 가신 후에 뉘우친다)
不治垣墻盜後悔 (담을 쳐놓지 않으면 도적 맞은 후에 뉘우친다)
春不耕種秋後悔 (봄에 심지 않으면 추수한 후에 뉘우친다)
少不勤學老後悔 (젊어서 부지런히 배우지 않으면 늙은 후에 뉘우친다)
色不謹愼病後悔 (몸을 조심하지 않으면 병든 후에 뉘우친다)
富不節用貧後悔 (부할 때 절약해 쓰지 않으면 가난한 후에 뉘우친다)
忿不思難敗後悔 (분개할 때 어려움을 생각지 않으면 실패 후에 뉘우친다)
酒中妄言醒後悔 (주중에 망동의 말을 술 깬 후에 뉘우친다)

朱子勸學文(주자 권학문)

勿謂今日不學而有來日 (오늘 배우지 않아도 내일이 있다고 말하지 말며)
勿謂今年不學而有來年 (금년에 배우지 않아도 내년이 있다고 이르지 말라)
日月逝矣歲不我延 (날과 달은 가버렸고 해는 나와 함께 늦어지지 않으니)
嗚呼老矣是誰之愆 (슬프도다 늙어서 후회한들 이것이 누구의 허물이겠는가)
少年易老學難成 (소년은 늙기 쉽고 배움은 이루기 어려우니)
一寸光陰不可輕 (일초의 시간인들 가볍게 여기지 말지니라)
未覺池塘春草夢 (연못 가 봄풀 꿈을 미처 깨지 못 하였는데)
階前梧葉已秋聲 (뜰 앞 오동잎은 이미 가을 소리를 전하는도다)

1) 四字小學(사자소학)

父生我身(부생아신)하시고 母鞠我身(모국아신)이로다
腹以懷我(복이회아)하시고 乳以哺我(유이포아)로다

以衣溫我(이의온아)하시고 以食飽我(이식포아)로다
恩高如天(은고여천)하시고 德厚似地(덕후사지)하시니

爲人子者(위인자자)가 曷不爲孝(갈불위효)리오
欲報其德(욕보기덕)인댄 昊天罔極(호천망극)이로다

晨必先起(신필선기)하야 必洗必漱(필선필수)하며
昏定晨省(혼정신성)하고 冬溫夏凊(동온하정)하라

父母呼我(부모호아)어시든 唯而趨進(유이추진)하고
父母使我(부모사아)어시든 勿逆勿怠(말역말태)하라

父母有命(부모유명)이어시든 俯首敬聽(부수경청)하라
坐命坐聽(좌명좌청)하고 立命立聽(입명입청)하라

父母出入(부모출입)이어시면 每必起立(매필기립)하라
父母衣服(부모의복)을 勿踰勿踐(물유물천)하라

父母有疾(부모유질)이어시면 憂而謀瘳(우이모추)하라
對案不食(대안불식)이어시든 思得良饌(사득양찬)하라

出必告之(출필곡지)하고 反必面之(반필면지)하라
愼勿遠遊(신물원유)하고 遊必有方(유필유방)하라

出入門戶(출입문호)어든 開閉必恭(개폐필공)하라
勿立門中(물립문중)하고 勿坐房中(물좌방중)하라

行勿慢步(행물만보)하고 坐勿倚身(좌물의신)하라
口勿雜談(구물잡담)하고 手勿雜戲(수물잡희)하라

膝前勿坐(슬전물좌)하고 親面勿仰(친면물앙)하라
須勿放笑(수물방소)하고 亦勿高聲(역물고성)하라

侍坐父母(시좌부모)어든 勿怒責人(물노책인)하라
侍坐親前(시좌친전)이어든 勿踞勿臥(물거물와)하라

獻物父母(헌물부모)어든 跪而進之(궤이유지)하라
與我飮食(여아음식)이어시든 跪而受之(궤이수지)하라

器有飮食(기유음식)이라도 不與勿食(불여물식)하라
若得美味(약득미미)어든 歸獻父母(귀헌부모)하라

衣服雖惡(의복수악)이나 與之必著(여지필저)하라
飮食雖厭(음식수염)이나 與之必食(여지필식)하라

父母無衣(부모무의)어시든 勿思我衣(물사아의)하며
父母無食(부모무식)이어시든 勿思我食(물사아식)하라

身體髮膚(신체발부)를 勿毁勿傷(물훼물상)하라
衣服帶靴(의복대화)를 勿失勿裂(물실물렬)하라

父母愛之(부모애지)어시든 喜而勿忘(희이물망)하라
父母責之(부모책지)어시든 反省勿怨(반성물원)하라

勿登高樹(물등고수)하라 父母憂之(부모우지)시니라
勿泳深淵(물영심연)하라 父母念之(부모념지)시니라
勿與人鬪(물여인투)하라 父母不安(부모불안)이시니라

室堂有塵(당실유진)이어든 常必灑掃(상필쇄소)하라
事必稟行(사필품행)하고 無敢自專(무감자전)하라
一欺父母(일사부모)면 其罪如山(기죄여산)이니라

雪裏求筍(설리구순)은 孟宗之孝(맹종지효)요
剖氷得鯉(부빙득리)는 王祥之孝(왕상지효)니라

我身能賢(아신능현)이면 譽及父母(예급부모)니라
我身不賢(아신불현)이면 辱及父母(욕급부모)니라

追遠報本(추원보원)하야 祭祀必誠(제사필성)하라
非有先祖(비유선조)면 我身曷生(아신갈생)이리오

事親如此(사친여차)면 可謂孝矣(가위효의)니라
不能如此(불능여차)면 禽獸無異(금수무이)니라

學優則仕(학우즉사)하야 爲國盡忠(위국진충)하라
敬信節用(경신절용)하야 愛民如子(애민여자)하라

人倫之中(인륜지중)에 忠孝爲本(충효위본)이니
孝當竭力(효당갈력)하고 忠則盡命(충즉진명)하라

夫婦之倫(부부지륜)은 二姓之合(이성지합)이니
內外有別(내외유별)하야 相敬如賓(상경여빈)하라

夫道和義(부도화의)요 婦德柔順(부덕유순)이니라
夫唱婦隨(부창부수)면 家道成矣(가도성의)리라

兄弟姉妹(형제자매)는 同氣而生(동기이생)이니
兄友弟恭(형우제공)하야 不敢怨怒(불감원노)니라

骨肉雖分(골육수분)이나 本生一氣(본생일기)요
形體雖異(형체수이)나 素受一血(소수일혈)이니라

比之於木(비지어목)하면 同根異枝(동근이지)며
比之於水(비지어수)하면 同源異流(동원이류)니라

兄弟怡怡(형제이이)하야 行則雁行(행즉안행)하라
寢則連衾(침즉연금)하고 食則同牀(식즉동상)하라

分毋求多(분모구다)하며 有無相通(유무상통)하라

私其衣食(사기의식)이면 夷狄之徒(이적지도)니라
兄無衣服(형무의복)이어든 弟必獻之(제필헌지)하고
弟無飮食(제무음식)이어든 兄必與之(형필여지)하라

一杯之水(일배지수)라도 必分而飮(필분이음)하고
一粒之食(일립지식)이라도 必分而食(필분이식)하라

兄雖責我(형수책아)나 莫敢抗怒(막감항노)하고
弟雖有過(제수유과)나 須勿聲責(수물성책)하라

兄弟有善(형제유선)이어든 必譽于外(필예우외)하고
兄弟有失(형제유실)이어든 隱而勿揚(은이물양)하라

我有歡樂(아유환락)이면 兄弟亦樂(형제역락)하고
我有憂患(아유우환)이면 兄弟亦憂(형제역우)니라

雖有他親(수유타친)이나 豈若兄弟(개약형제)리오
兄弟和睦(형제화목)이면 父母喜之(부모희지)시니라

事師如親(사사여친)하야 必恭必敬(필공필공)하라
先生施敎(선생시교)어시든 弟子是則(제자시즉)하라

夙興夜寐(숙흥야매)하야 勿懶讀書(물나독서)하라
勤勉工夫(근면공부)하면 父母悅之(부모열지)시니라

能孝能悌(능효능제)가 莫非師恩(막비사은)이니라
能知能行(능지능행)이 總是師功(총시사공)이니라

長者慈幼(장자자유)하고 幼者敬長(유자경장)하라
長者之前(장자지전)엔 進退必恭(진퇴필공)하라

年長以倍(연장이배)어든 父以事之(부이사지)하고
十年以長(십년이장)이어든 兄以事之(형이사지)하라
我敬人親(경노인친)이면 人敬我親(인경아친)하고

我敬人兄(아경인형)이면 人敬我兄(인경아형)이니라
人之在世(인지재세)에 不可無友(불가무우)니
以文會友(이무회우)하고 以友輔仁(이우보인)하라

友其正人(우기정인)이면 我亦自正(아역자정)이요
從遊邪人(종유사인)이면 我亦自邪(아역자사)니라

蓬生麻中(봉생마중)이면 不扶自直(불부자직)이요
白沙在泥(자사재니)면 不染自汚(불염자오)니라

近墨者黑(근묵자흑)이요 近朱者赤(근주자적)이니
居必擇隣(고필택린)하고 就必有德(취필유덕)하라

擇而交之(택이교지)면 有所補益(유소보익)하고
不擇而交(불택이교)면 反有害矣(반유해의)니라

朋友有過(붕우유과)어든 忠告善導(충고선도)하라
人無責友(인무책우)면 易陷不義(역함불의)니라

面讚我善(면찬아선)이면 諂諛之人(첨유지인)이요
面責我過(면책아과)면 剛直之人(강직지인)이니라

言而不信(이언불신)이면 非直之友(비직이우)니라
見善從之(견선종지)하고 知過必改(지과필개)하라

悅人讚者(열인찬자)는 百事皆僞(백사개위)며
厭人責者(염인책자)는 其行無進(기행무진)이니라

元亨利貞(원형이정)은 天道之常(천도지상)이요
仁義禮智(인의예지)는 人性之綱(인성지강)이니라

父子有親(부자유친)하며 君臣有義(군신유의)하며
夫婦有別(부부유별)하며 長幼有序(장유유서)하며
朋友有信(붕우유신)이니 是謂五倫(이위오륜)이니라

君爲臣綱(군위신강)이요 父爲子綱(부위자강)이요
夫爲婦綱(부위부강)이니 是謂三綱(이위삼강)이니라
人所以貴(인소이귀)는 以其倫綱(이기륜강)이니라

足容必重(족용필중)하며 手容必恭(수용필공)하며
目容必端(목용필단)하며 口容必止(구용필지)하며
聲容必靜(성용필정)하며 頭容必直(두용필직)하며
氣容必肅(기용필숙)하며 立容必德(입용필덕)하며
色容必莊(색용필장)이니 是曰九容(시왈구용)이니라

視必思明(시필사명)하며 聽必思聰(청필사총)하며
色必思溫(색필사온)하며 貌必思恭(모필사공)하며
言必思忠(언필사충)하며 事必思敬(사필사경)하며
疑必思問(의심사문)하며 忿必思難(분필사란)하며
見得思義(견득사의)니 是曰九思(시왈구사)니라

非禮勿視(비례물시)하며 非禮勿聽(비례물청)하며
非禮勿言(비례물언)하며 非禮勿動(비례물동)이니라

行必正直(행필정직)하고 言則信實(언즉신실)하며
容貌端正(용모단정)하고 衣冠整齊(의관정제)하라

居處必恭(거처필공)하고 步履安詳(보리안상)하라
作事謀始(작사모시)하고 出言顧行(출언고행)하라

常德固持(상덕고지)하고 然諾重應(연약중응)하라
飮食愼節(음식신절)하고 言語恭遜(언어공손)하라

德業相勸(덕업상권)하고 過失相規(과실상규)하며
禮俗相交(예속상교)하고 患難相恤(환난상휼)하라

貧窮困厄(빈공곤액)에 親戚相救(친척상구)하며
婚姻死喪(혼인사상)에 相扶相助(상부상조)하라

修身齊家(수신제가)는 治國之本(치국지본)이요
讀書勤儉(독서근검)은 起家之本(기가지본)이니라

忠信慈祥(충언자상)하고 溫良恭儉(온양공검)하라
人之德行(인지덕행)은 謙讓爲上(겸양위상)이니라

莫談他短(막담타단)하고 靡恃己長(미시기장)하라
己所不欲(기소불욕)을 勿施於人(물시어인)하라

積善之家(적선지가)는 必有餘慶(유필여경)이요
不善之家(불선지가)는 必有餘殃(필유여앙)이니라

損人利己(손인이기)면 終是自害(종신자해)니라
禍福無門(화복무문)하야 惟人所召(유인소소)니라

嗟嗟小子(차차소자)아 敬受此書(경수차서)하라
非我言耄(비아언모)라내 惟聖之謨(유성지막)시니라

2) 유가경전(儒家經典)

가. 논어(論語)[1]

子曰: "學而時習之, 不亦說[2]乎[3]? 有朋自遠方來, 不亦樂乎? 人不知而不慍[4], 不亦君子乎?"

有子[5]曰: "其爲人也孝弟, 而好犯上者, 鮮[6]矣; 不好犯上, 而好作亂者, 未之有也[7]. 君子務本, 本立而道生. 孝弟也者, 其爲仁[8]之本與!"

子曰: "巧言[9]令色[10], 鮮矣仁!"

曾子[11]曰: "吾日[12]三[13]省吾身; 爲人謀而不忠乎? 與朋友交而不信乎? 傳不習乎?"

子曰: "弟子, 入則孝, 出則悌, 謹而信, 汎愛衆, 而親仁[14]. 行有餘力, 則以學文[15]."

子曰: "君子不重, 則不威; 學則不固[16]. 主忠信. 無[17]友[18]不如己者. 過, 則勿憚[19]改."

子曰: "君子食無求飽, 居無求安, 敏[20]於事而愼於言, 就有道而正焉, 可謂好學也已."

---

1) 論語(논어): 儒家經典의 하나로서 孔子(B.C.551-B.C.479)가 弟子들이나 당시 사람들과 나눈 대화와 행적을 기록한 것이다. 논어의 편찬은 공자의 제자에 의한 것과 제자의 제자에 의한 기록이 있으며, 여러 대에 걸쳐 축적되어 완성되었다.

2) 說(열): 悅과 같다. '기쁘다'.

3) 不亦…乎: 감탄의 반어사. '…하지 않은가?', '…하지 아니한가?'

4) 慍(온): 성내다. 怒하다. 원망하다.

5) 有子: 공자의 제자. 성은 有, 이름은 若이다.

6) 鮮(선): 적다. 드물다.

7) 未之有也: '未有之也'의 도치형. 之는 대명사.

8) 爲仁: 인을 행함.

9) 巧言(교언): 겉만 번지르르한 말.

10) 令色(영색): 남의 비위를 맞추려 아첨하는 얼굴 빛.

11) 曾子: 공자의 제자. 이름은 參이다.

12) 日: 매일.

13) 三: '여러 번', '자주'의 의미.

14) 親仁: 어린 사람을 가까이 하다.

15) 文: <詩經>, <書經>과 같은 경전과 書·禮·樂·射·御·數와 같은 六藝를 가리킨다.

16) 固(고): 고루(固陋)하다.

17) 無: '毋'와 같다. '~하지 말라'.

18) 友: 사귀다. 친구하다.

19) 憚(탄): 꺼리다. 주저하다.

20) 敏(민): 敏捷하다. 공손하다.

子曰: "不患人之不己知[1], 患不知人也. (<學而>)[2]

子曰: "吾十有[3]五而志于學, 三十而立, 四十而不惑, 五十而知天命, 六十而耳順, 七十而從心所欲, 不踰[4]矩[5]."

子曰: "溫故而知新, 可以爲師矣."

子曰: "學而不思則罔[6], 思而不學則殆."

子曰: "由[7]! 誨女[8]知之乎! 知之爲知之, 不知爲不知, 是知也." (<爲政>)

林放問禮之本. 子曰: "大哉問[9]! 禮, 與其奢也, 寧儉[10]; 喪, 與其易[11]也, 寧戚."

子曰: "關雎[12], 樂而不淫, 哀而不傷." (<八佾>)

子曰: "富與貴, 是人之所欲也; 不以其道得之, 不處也. 貧與賤, 是人之所惡[13]也; 不以其道得之, 不去也. 君子去仁, 惡乎[14]成名? 君子無終食之間[15]違仁, 造次[16]必於是, 顚沛[17]必於是."

子曰: "士志於道, 而恥惡衣惡食者, 未足與議也."

---

1) 人之不己知: 남이 자기의 才德있음을 알아주지 못하는 것.

2) 논어에는 본래 篇名이 없었고, 후인들이 每篇 첫 구의 두 글자를 가지고 편명으로 삼게된 것이다. 그래서 논의 맨처음 편을 「學而篇」이라고 부르는 것이다.

3) 有: '又'와 같은 의미.

4) 踰(유): 넘다. 지나치다.

5) 矩(구): 법, 규칙, 법도.

6) 罔(망): 어둡다. 혼미하다. 속이다. 없다. 멍하다.

7) 由(유): 공자의 제자 仲由. 字는 子路 또는 季路. 魯나라 사람으로 용감했다 한다.

8) 女(여): 너. '汝'와 같은 의미.

9) 大哉問: '大問哉'의 도치형. '좋은 질문이로다.'

10) 與其…寧…: …하느니 차라리…하다.

11) 易(이): 형식적으로 예를 갖추다.

12) 關雎(관저): <詩經·國風·周南>의 제1편.

13) 惡(오): 싫어하다.

14) 惡乎(오호): 어찌, 어떻게.

15) 終食之間(종식지간): 한 끼 식사를 할만한 시간. 잠시동안.

16) 造次(조차): 다급한 때. 급하고 구차한 때. 倉卒之間.

17) 顚沛(전패): 넘어지다. 위급한 때.

子曰: “參乎! 吾道一以貫之.” 曾子曰: “唯.” 子出, 門人問曰: “何謂也?” 曾子曰: “夫子之道, 忠恕而已[1]矣.”

子曰: “父母在, 不遠遊, 遊必有方.”

子曰: “君子欲訥[2]於言而敏於行.” (<里仁>)

哀公問: “弟子孰爲好學?” 孔子對曰: “有顔回[3]者好學, 不遷怒, 不貳過. 不幸短命死矣, 今也則亡[4], 未聞好學者也.”

子曰: “知之者不如好之者, 好之者不如樂之者.” (<雍也>)

子曰: “飯[5]疏食[6]飮水, 曲肱[7]而枕之, 樂亦在其中矣. 不義而富且貴, 於我如浮雲.”

子曰: “三人行, 必有我師焉: 擇其善者而從之, 其不善者而改之.” (<述而>)

子曰: “篤信好學, 守死善道. 危邦不入, 亂邦不居. 天下有道則見[8], 無道則隱. 邦有道, 貧且賤焉, 恥也; 邦無道, 富且貴焉, 恥也.”

子曰: “不在其位, 不謀其政.” (<泰伯>)

顔淵[9]問仁. 子曰: “克己復禮爲仁. 一日克己復禮, 天下歸仁焉. 爲仁由己, 而由人乎哉?” 顔淵曰: “請問其目[10].” 子曰: “非禮勿視, 非禮勿聽, 非禮勿言, 非禮勿動.” 顔淵曰: “回雖不敏, 請事斯語矣.”

季康子問政於孔子. 孔子對曰: “政者, 正也. 子帥以正, 孰敢不正?” (<顔淵>)

---

1) 而已(이이): …할 따름이다.

2) 訥(눌): 말을 더듬다.

3) 顔回(안회): 공자의 수제자, 字는 子淵. 32세에 요절했음.

4) 亡(무): ‘無’와 같다.

5) 飯(반): 먹다.

6) 疏食(소사): 거친 밥, 잡곡밥.

7) 曲肱(곡굉): 팔을 구부리다.

8) 見(현): 나타나다. 등장하다.

9) 顔淵(안연): 공자의 제자. 名은 回, 字는 子淵이다.

10) 目(목): 조목, 항목.

나. 맹자(孟子)[1]

孟子[2]見梁惠王[3]. 王曰: "叟![4] 不遠千里而來, 亦將有以利吾國乎?"

孟子對曰: "王! 何必曰利? 亦有仁義而已矣. 王曰,『何以利吾國?』大夫曰,『何以利吾家?』士庶人曰,『何以利吾身?』上下交征利[5]而國危矣. 萬乘[6]之國, 弑其君者, 必千乘之家; 千乘之國, 弑其君者, 必百乘之家. 萬取千焉, 千取百焉, 不爲不多矣. 苟[7]爲後義而先利, 不奪不饜. 未有仁而遺其親者也, 未有義而後其君者也. 王亦曰仁義而已矣, 何必曰利?" (<梁惠王章句上>)

梁惠王曰: "寡人之於國也, 盡心焉[8]耳矣[9]. 何內凶, 則移其民於河東, 移其粟於河內. 河東凶亦然. 察隣國之政, 無如寡人之用心者. 隣國之民不加少, 寡人之民不加多, 何也?"

孟子對曰: "王好戰, 請以戰喩. 塡然[10]鼓之, 兵刃[11]旣接, 棄甲曳[12]兵而走. 或百步而後止, 或五十步而後止. 以五十步笑百步, 則何如?"

曰: "不可; 直[13]不百步耳, 是亦走也."

---

1) 孟子(맹자): 孟子의 논설을 기록한 책. 모두 7篇으로 각 편이 다시 上下로 나뉘어져 있으며, 작자는 孟軻 자신이라는 설과 제자의 제자들이라는 설이 있음. 사람의 性은 善하다고 했으며, 仁義禮智를 논하였는데, 논설이 매우 재치있고 능란한 비유가 들어 있어서 후세 문장의 모범이 되었음.

2) 孟子: 戰國時代 鄒나라 사람(B.C.372-B.C.289). 이름은 '軻', 字는 '子輿'. 공자의 道를 천명하였으며, 도탄에 빠진 백성들을 구제하기 위해 王道를 주장하였음.

3) 梁惠王(양혜왕): 戰國時代 魏나라 惠王. 惠는 諡號, 수도인 開封을 大梁이라고 하였으므로 魏를 梁이라고도 하였음.

4) 叟(수): 늙은 사람에 대한 존칭. 영감, 어르신, 노인.

5) 交征利: 서로 이익을 취하다. 이익을 다투다.

6) 乘(승): 수레의 量詞. 萬乘은 만 대의 兵車를 가진 나라.

7) 苟(구): 만약. '如', '若'과 같음.

8) 焉(언): 於此.

9) 焉耳矣: ~했을 따름이다.

10) 塡然(전연): 전쟁할 때 북을 울리는 소리.

11) 兵刃(병인): 병기의 날.

12) 曳(예): 끌다. '曳兵'은 병기를 끌고 도망치다.

13) 直(지): 다만, 단지.

曰: "王如知此, 則無望民之多於隣國也. 不違農時, 穀不可勝[1]食也; 數罟[2]不入洿池[3], 漁鼈不可勝食也; 斧斤[4]以時入山林, 材木不可勝用也. 穀與漁鼈不可勝食, 材木不可勝用, 是使民養生喪死[5]無憾也. 養生喪死無憾, 王道之始也. (<梁惠王章句上>)

"敢問何謂浩然之氣?"

曰: "難言也. 其爲氣也, 至大至剛, 以直養而無害, 則塞[6]於天地之間. 其爲氣也, 配義與道; 無是, 餒[7]也. 是集義所生者, 非義襲而取之也. 行有不慊[8]於心, 則餒矣. 我故曰, 告子未嘗[9]知義, 以其外之也. 必有事焉, 而勿正, 心勿忘, 勿助長[10]也. 無若[11]宋人然: 宋人有閔其苗之不長而揠之[12]者, 芒芒然[13]歸, 謂其人曰: 『今日病矣! 予助苗長矣!』 其子趨而往視之, 苗則槁矣. 天下之不助苗長者寡矣. 以爲[14]無益而舍之者, 不耘[15]苗者也; 助之長者, 揠苗者也. 非徒[16]無益, 而又害之." (<公孫丑章句上>)

孟子曰: "人皆有不忍人之心[17]. 先王有不忍人之心, 斯有不忍人之政矣. 以不忍人之心, 行不忍人之政, 治天下可運之掌上. 所謂人皆有不忍人之心者. 今人乍見孺子將入於井, 皆有

---

1) 勝: 盡. '勝食'은 모두 먹어치운다.

2) 數罟(촉고): 조밀한 그물.

3) 洿池(오지): 웅덩이와 못.

4) 斧斤(부근): 날이 세로로 난 도끼와 가로로 난 도끼.

5) 喪死(상사): 죽은 사람을 禮에 맞게 葬事 지냄.

6) 塞(색): 채워서 메움.

7) 餒(뇌): 굶주리다. 헛헛하다.

8) 不慊(불겸): 통쾌하지 않다. 만족하지 않다.

9) 未嘗(미상): …한 적이 없다.

10) 助長(조장): 무리하게 자라나도록 하다.

11) 無若~: ~처럼 하지 말라.

12) 揠之(알지): 그것을 뽑아올리다.

13) 忘忘然(망망연): 지친 모양.

14) 以爲~: ~라고 여기다.

15) 耘(운): 김매다. 잡초를 제거하다.

16) 非徒(비도): '~뿐만 아니라'. '非但'과 같은 의미.

17) 不忍人之心: 선천적으로 남에게 차마 하지 못하는 마음.

怵惕[1]惻隱之心, 非所以內交[2]於孺子之父母也, 非所以要譽於鄕黨[3]朋友也, 非惡[4]其聲而然也. 由是觀之, 無惻隱之心, 非人也; 無羞惡[5]之心, 非人也; 無辭讓之心, 非人也; 無是非之心, 非人也. 惻隱之心, 仁之端也; 羞惡之心, 義之端也; 辭讓之心, 禮之端也; 是非之心, 知之端也. 人之有是四端[6]也, 猶其有四體也. 有是四端而自謂不能者, 自賊[7]者也; 謂其君不能者, 賊其君者也. 凡有四端於我者, 知皆擴而充之矣, 若火之始然[8], 泉之始達. 苟[9]能充之, 足以保四海; 苟不充之, 不足以事父母. (<公孫丑章句上>)

公都子曰: "告子曰:『性無善無不善也.』或曰:『性可以爲善, 可以爲不善; 是故文武[10]興, 則民好善; 幽厲[11]興, 則民好暴.』或曰:『有性善, 有性不善; 是故以堯爲君而有象[12]; 以瞽瞍[13]爲父而有舜; 以紂[14]爲兄之子, 且以爲君, 而有微子啓[15] 王子比干[16].』今曰『性善』, 然則彼皆非與?" 孟子曰: "乃若其情, 則可以爲善矣, 乃所謂善也. 若夫爲不善, 非才之罪也. 惻隱之心, 人皆有之; 羞惡之心, 人皆有之; 恭敬之心, 人皆有之; 是非之心, 人皆有之. 惻隱之心, 仁也; 羞惡之心, 義也; 恭敬之心, 禮也; 是非之心, 智也. 仁義禮智, 非由外鑠[17]我也, 我固有之也, 弗

1) 怵惕(출척): 두려워하다. 놀라고 두려워하다.

2) 內交(납교): 교분을 맺다. 內은 納과 같음.

3) 鄕黨(향당): '鄕'은 12,500戶, '黨'은 500戶. 즉, 한 동네의 마을 사람들을 말함.

4) 惡(오): 꺼리다. 싫어하다.

5) 羞惡(수오): 부끄러워하는 마음. 자신과 남의 不善을 미워함.

6) 四端(사단): 네 가지 단서.

7) 賊(적): 해치다.

8) 然(연): 타오르다. '燃'의 本字.

9) 苟(구): 진실로. 만약에.

10) 文武(문무): 周나라의 聖君인 文王과 武王.

11) 幽厲(유려): 周나라의 暗君인 幽王과 厲王.

12) 象(상): 舜임금의 이복동생. 효성과 우애가 지극한 순임금을 살해하려 했던 잔인한 사람.

13) 瞽瞍(고수): 舜임금의 아버지로, 후처와 그 자식에 미혹되어 前室 자식인 舜을 죽이려 했던 악인.

14) 紂(주): 殷나라의 마지막 임금으로 잔인무도하기로 유명했던 사람.

15) 微子啓(미자계): 紂임금의 庶兄(서모에게서 난 형).

16) 比干(비간): 義人의 대명사로 알려짐. 紂임금의 숙부로, 여러 차례 옳은 소리로 諫한 끝에 紂를 화나게 하여 紂에 의해 가슴을 갈라 염통을 쪼개는 처참한 죽음을 당함.

17) 鑠(삭): 금속을 불로 달구어 녹임.

思耳矣. 故曰,『求則得之, 舍則失之.』或相倍蓰[1]而無算者, 不能盡其才者也. 詩曰,『天生蒸[2]民, 有物有則. 民之秉彝[3], 好是懿德[4].』孔子曰:『爲此詩者, 其知道乎! 故有物必有則; 民之秉彝也, 故好是懿德.』" (<告子章句上>)

孟子曰: "君子有三樂, 而王[5]天下不與存焉[6]. 父母俱存, 兄弟無故, 一樂也. 仰不愧於天, 俯[7]不怍[8]於人, 二樂也; 得天下英才而教育之, 三樂也; 君子有三樂, 而王天下不與存焉." (<盡心章句上>)

다. 중용(中庸)[9]

天命[10]之謂性[11], 率性之謂道[12], 脩道之謂教. 道也者, 不可須臾[13]離也. 可離, 非道也. 是故君子戒愼[14]乎[15]其所不睹, 恐懼乎其所不聞. 莫見乎隱[16], 莫顯乎微, 故君子愼其獨也[17]. 喜怒哀樂

1) 倍蓰(배사): 여러 갑절. 倍는 갑절, 蓰는 다섯 갑절.

2) 蒸(증): '衆'과 같은 의미.

3) 秉彝(병이): 변치않는 마음을 가지다. '秉'은 잡다. '彝'는 변함없는 마음.

4) 懿德(의덕): 아름다운 德.

5) 王: 동사. '왕노릇을 하다'의 의미.

6) 不與存焉: 거기에 들어있지 않다.

7) 俯(부): 굽어보다.

8) 怍(작): 부끄럽다.

9) 中庸(중용): 四書의 하나. 본래 <禮記>의 第31篇이었으나 후대에 사서로 편입됨. 孔子의 손자인 子思가 지은 것으로 알려짐. 儒教 철학에 관한 근본적 문제들을 논하고 있음.

10) 天命(천명): 하늘이 만물에게 부여한 것.

11) 性(성): 만물의 도리.

12) 率性之謂道(솔성지위도): 性善說의 근본 이념. 天으로부터 命하여진 性을 따르는 것이 道라고 함.

13) 須臾(수유): 잠시, 잠깐.

14) 戒愼(계신): 경계하고 신중하다.

15) 乎(호): 介詞. '…에서'.

16) 莫見乎隱(막현호은): 숨기는 것보다 드러나는 것은 없다. '乎'는 '~보다'.

17) 愼其獨也(신기독야): 홀로 있을 때 몸가짐을 신중히 해야 한다.

之未發謂之中, 發而皆中節[1]謂之和. 中也者, 天下之大本也, 和也者, 天下之達道[2]也. 致[3]中和, 天地位[4]焉, 萬物育焉. (<第1章>)

라. 대학(大學)[5]

大學之道[6], 在明明德[7], 在親[8]民, 在止於至善. 知止[9]而後有定, 定而後能靜, 靜而後能安, 安而後能慮, 慮而後能得. 物有本末, 事有始終, 知所先後, 則近道矣. 古之欲明明德於天下者, 先治其國, 欲治其國者, 先齊其家, 欲齊其家者, 先修其身, 欲修其身者, 先正其心, 欲正其心者, 先誠其意, 欲誠其意者, 先致其知[10], 致知在格物[11]. 格物而後知至, 知至而後意誠, 意誠而後心正, 心正而後修身, 身修而後家齊, 家齊而後國治, 國治而後天下平. 自天子以至於庶人, 壹是[12]皆以修身爲本. 基本亂而末治者否矣. 其所厚者薄而其所薄者厚, 未之有也[13]. (<經一章>)

---

1) 中節(중절): 中은 的中. 節은 節度, 節次, 節目.

2) 達道(달도): 언제 어디서나 통하고 누구나 따라야 하는 道.

3) 致(치): 극진하게 하다.

4) 位(위): 바르게 자리잡히다.

5) 大學(대학): 四書의 하나. 본래《禮記》의 第42篇이었으나 후대에 사서로 편입됨. 儒學의 범의와 구모를 밝히는 기본체계를 제시했음. 작자는 孔子의 손자인 子思라는 설과 曾子와 그 門人이라는 설이 있음.

6) 大學之道(대학지도): 修己治人의 道. 古代 大學敎育의 要旨임. 고대에는 15세가 되면 大學에 입학했음.

7) 明明德(명명덕): 밝은 덕을 밝힘. 전자의 '明'은 동사, 후자의 '明'은 형용사.

8) 親(친): '新'과 같은 의미.

9) 知止: 至善에 머무는 것을 알다.

10) 致其知: 지식을 넓히어 모든 사물에 대해 그 이치를 깨닫는 것.

11) 格物(격물): 모든 객관적 사물을 분석하는 것.

12) 壹是(일시): 한결같이.

13) 未之有也(미지유야): 있은 적이 없다.

3) 제자백가(諸子百家)

가. 노자(老子)[1]

道[2]可道[3], 非常道[4]; 名可名, 非常名[5]. 無, 名天地之始; 有, 名萬物之母. 故常無, 欲以觀其妙[6]; 常有, 欲以觀其徼[7]. 此兩者, 同出而異名, 同謂之玄. 玄之又玄, 衆妙之門. (<第1章>)

天下皆知美之爲美, 斯惡已[8]. 皆知善之爲善, 斯不善已. 故有無相生, 難易相成, 長短相形, 高下相傾, 音聲相和, 前後相隨. 是以聖人處無爲[9]之事, 行不言之敎. 萬物作焉而不辭, 生而不有, 爲而不恃, 功成而不居. 夫唯弗居, 是以不去. (<第2章>)

不尙賢[10], 使民不爭; 不貴難得之貨, 使民不爲盜; 不見可欲, 使民心不亂. 是以聖人之治, 虛其心, 實其腹, 弱其志[11], 强其骨. 常使民無知無欲, 使夫知者不敢爲也. 爲無爲[12], 則無不治. (<第3章>)

---

1) 老子(노자): 춘추시대의 철학자 老子의 저서. <道德經>이라고도 함. 老子는 楚나라 사람으로 姓은 李, 名은 耳, 字는 聃이다. 生卒年代는 분명치 않으나 孔子보다 20여세 많은 것으로 알려져 있다. 영원불멸의 道를 기본개념으로 우주의 원리와 현상을 설명한다. 대단히 추상적이고 현묘한 논리를 전개하는 것이 특징. 자신의 의지보다는 자연에 순응하는 것이 道를 얻는 것이라 주장함.

2) 道: 명사. 우주의 근본, 천지만물의 원리를 말함.

3) 道: 동사. '말하다.' 道의 개념을 규정함.

4) 常道(상도): 영구불변의 道. 우주의 근본.

5) 常名(상명): 영구불변의 이름.

6) 妙(묘): 道의 體(無)를 형용. 현묘한 道體.

7) 徼(교): 道의 用(有)를 형용. 道가 순환하는 현상계.

8) 斯惡已(사오이): 이는 추할 뿐이다.

9) 無爲(무위): 인위적으로 하지 않고 자연을 따름. 道家사상의 핵심.

10) 尙賢(상현): 현명한 자를 숭상하다.

11) 弱其志(약기지): 백성들의 뜻을 약하게 하다.

12) 爲無爲(위무위): 無爲의 道를 행하다.

天長地久. 天地所以[1]能長且久者, 以其不自生, 故能長生. 是以聖人後其身[2]而身先, 外其身而身存. 非以其無私耶? 故能成其私. (<第7章>)

上善若水. 水善利萬物而不爭, 處衆人之所惡. 故幾於道[3]. 居善地, 心善淵, 與[4]善仁, 言善信, 正[5]善治, 事善能, 動善時. 夫唯不爭, 故無尤[6]. (<第8章>)

大道[7]廢, 有仁義; 智慧出, 有大僞[8]; 六親[9]不和有孝慈, 國家昏亂有忠臣. (<第18章>)

나. 장자(莊子)[10]

昔者莊周夢爲胡蝶, 栩栩然[11]胡蝶也, 自喩[12]適志[13]與! 不知周也. 俄然覺, 則蘧蘧然[14]周也. 不知周之夢爲胡蝶與, 胡蝶之夢爲周與? 周與胡蝶, 則必有分矣. 此之謂物化. (內篇 <齊物論>)

庖丁[15]爲文惠君解牛, 手之所觸, 肩之所倚, 足之所履, 膝之所踦, 砉然[16]嚮然, 奏刀騞然, 莫

---

1) 所以(소이): 까닭. 이유.

2) 後其身(후기신): 자신의 몸을 뒤에 둠. 겸손함.

3) 幾於道(기어도): 道에 가깝다.

4) 與(여): 주다. 베풀다.

5) 正(정): 정치.

6) 尤(우): 허물.

7) 大道(대도): 老子가 理想으로 하는 無爲自然의 道.

8) 大僞(대위): 거짓.

9) 六親(육친): 부자, 형제, 부부. 한 집안 식구를 말함.

10) 莊子(장자): 戰國時代 莊子가 저술한 책. 모두 33篇이며 內篇 7편, 外篇 15편, 雜篇 11편으로 구성되어 있음. 莊子는 蒙땅 사람이며, 이름은 周이다. 莊子의 사상은 老子의 道法自然에 근본을 두고 있으나, 이를 더욱 발전시켜 자연을 뛰어넘는 超自然과 萬物一齊, 자유와 평등을 주장함.

11) 栩栩然(허허연): 훨훨나는 모양.

12) 自喩(자유): '喩'는 '愉'와 같음. 스스로 즐거워함.

13) 適志(적지): 마음에 흡족함.

14) 蘧蘧然(거거연): 놀란 모양. 만족해하는 모양.

15) 庖丁(포정): 요리가 직업인 백정.

16) 砉然(획연): 뼈를 바를 때 나는 소리.

不中音. 合於桑林之舞, 乃中經首之會. 文惠君曰: "譆[1], 善哉! 技蓋至此乎?" 庖丁釋刀對曰: "臣之所好者道也, 進乎[2]技矣. 始臣之解牛之時, 所見無非牛者. 三年之後, 未嘗見全牛也. 方今之時, 臣以神遇[3]而不以目視, 官知止而神欲行. 依乎天理, 批大郤, 導大窾, 因其固然. 技經肯綮之未嘗, 而況大軱[4]乎! 良庖歲更刀, 割也; 族庖[5]月更刀, 折也. 今臣之刀十九年矣. 所解數千牛矣, 而刀刃若新發於硎. 彼節者有閒, 而刀刃者無厚; 以無厚入有閒, 恢恢乎[6]其於遊刃必有餘地矣, 是以十九年而刀刃若新發於硎. 雖然, 每至於族, 吾見其難爲, 怵然[7]爲戒, 視爲止, 行爲止. 動刀甚微, 謋然[8]已解, 如土委地. 提刀而立, 爲之四顧, 爲之躊躇滿志, 善刀而藏之." 文惠君曰: "善哉! 吾聞庖丁之言, 得養生焉." (內篇 <養生主>)

莊子行於山中, 見大木, 枝葉盛茂, 伐木者止其旁而不取也. 問其故, 曰: "無所可用." 莊子曰: "此木以不材得終其天年[9]." 夫子[10]出於山, 舍於故人[11]之家. 故人喜, 命豎子[12]殺雁而烹之. 豎子請曰: "其一能鳴, 其一不能鳴, 請奚殺?" 主人曰: "殺不能鳴者." 明日, 弟子問於莊子曰: "昨日山中之木, 以不材得終其天年; 今主人之雁, 以不材死; 先生將何處?" 莊子笑曰: "周[13]將處夫材與不材之間. 材與不材之間, 似之而非也, 故未免乎累. 若夫乘道德而浮游則不然. 無譽無訾, 一龍一蛇, 與時俱化, 而無肯專爲; 一上一下, 以和爲量, 浮游乎萬物之祖; 物物而不物於物, 則胡可得而累邪! 此神農黃帝之法則也. 若夫萬物之情, 人倫之傳, 則不然. 合則離, 成則毁; 廉則挫, 尊則議, 有爲則虧, 賢則謀, 不肖則欺, 胡可得而必乎哉! 悲夫! 弟子志之, 其唯道德之鄕乎!" (外篇 <山木>)

---

1) 譆(희): 감탄하는 소리.

2) 乎: ~보다.

3) 神遇(신우): 정신적인 영감으로 대하다.

4) 大軱(대고): 큰 뼈.

5) 族庖(족포): 보통의 포정.

6) 恢恢乎(회회호): 넓직하다. 넓다.

7) 怵然(출연): 무서워하는 모양. 조심하는 모양.

8) 謋然(획연): 고기가 갈라지는 모양.

9) 終其天年(종기천년): 타고난 수명을 다하다.

10) 夫子(부자): 스승을 높혀 부르는 말. '莊子'를 지칭함.

11) 故人(고인): 친구.

12) 豎子(수자): 심부름꾼 총각. 종 아이.

13) 周(주): 莊子.

다. 순자(荀子)[1]

君子[2]曰: 學不可以已. 靑取之於藍, 而靑於藍; 氷水爲之[3], 而寒於水. 木直中繩[4], 輮以爲輪, 其曲中規, 雖有槁暴[5], 不復挺[6]者, 輮使之然也. 故木受繩則直, 金就礪[7]則利, 君子博學而日參省乎己, 則知明而行無過矣. 故不登高山, 不知天之高也; 不臨深谿, 不知地之厚也; 不聞先王之遺言, 不知學問之大也. 干越[8]夷貉[9]之子, 生而同聲, 長而異俗, 敎使之然也. (<勸學篇>)

人之性惡, 其善者僞也. 今人之性, 生而有好利焉, 順是, 故爭奪生而辭讓亡焉; 生而有疾惡焉, 順是, 故殘賊生而忠信亡焉; 生而有耳目之欲, 有好聲色焉, 順是, 故淫亂生而禮義文理[10]亡焉. 然則從人之性, 順人之情, 必出於爭奪, 合於犯分亂理而歸於暴. 故必將有師法之化, 禮義之道, 然後出於辭讓, 合於文理而歸於治. 用此觀之, 然則人之性惡明矣, 其善者僞也. 故枸木必將待檃栝烝矯然後直; 純金必將待礱厲然後利; 今人之性惡, 必將待師法然後正, 得禮義然後治. 今人無師法, 則偏險而不正; 無禮義, 則悖亂而不治. 古者聖王以人之性惡, 以爲偏險而不正, 悖亂而不治; 是以爲之起禮義, 制法度, 以矯飾人之情性而正之, 以擾化人之情性而導之也, 始皆出於治, 合於道者也. 今之人, 化師法, 積文學, 道禮義者, 爲君子; 縱性情, 安恣睢, 而違禮義者, 爲小人. 用此觀之, 然則人之性惡明矣, 其善者僞也. (<性惡篇>)

---

1) 荀子(순자): 戰國時代 趙나라 사람 荀子의 저서. 모두 33篇. 荀子의 이름은 況, 그의 사상은 孟子와 달리 性惡說을 주장하였음.

2) 君子(군자): 荀子 자신을 가리킴.

3) 氷水爲之(빙수위지): 얼음은 물로 되는 것이다.

4) 木直中繩(목직중승): 나무가 곧아서 먹줄에 들어맞다.

5) 槁暴(고폭): 말리고 햇빛에 쬐다.

6) 挺(정): 곧게 펴다.

7) 就礪(취려): 숫돌에 닿다.

8) 干越(간월): 옛 나라이름. 남쪽 변방의 오랑캐.

9) 夷貉(이맥): 夷는 동쪽 오랑캐, 貉은 동북쪽 오랑캐.

10) 文理(문리): 文은 文彩, 즉 훌륭한 道理.

2. 한국 한문(韓國 漢文)

(1) 산문(散文)

1) 兄弟投金

高麗恭愍王[1]時, 有民兄弟偕行, 弟得黃金二錠, 以其一[2]與兄. 至孔巖津, 同舟而濟, 弟忽投金於水. 兄怪而問之, 答曰: "吾平日, 愛兄篤[3], 今而分金, 忽萌忌兄之心. 此乃不祥之物也. 不若投諸江而忘之." 兄曰: "汝言誠是[4]." 亦投金於水, 時同舟者, 皆愚民. 故無有問其姓名邑里云. (<新增東國輿地勝覽>)

2) 庾信斬馬

萬明[5]金庾信[6]母夫人. 庾信爲兒時, 母日加嚴訓, 不忘交遊. 一日, 偶宿女妓天官[7]家. 母曰: "我望汝成長立功名, 今與少兒, 遊戲妓房酒肆[8]耶." 庾信卽於母前, 自誓不復過其門. 一日被酒[9]還家, 馬解舊路, 誤至娼家, 妓兒且忻且怨, 垂淚出迎. 公旣醒, 斬馬棄鞍而返, 女作怨辭一曲傳志. (<東京誌>)

3) 首揷石枏

新羅崔伉, 字石南. 有愛妾. 父母禁之不得見. 數月伉暴死[10]. 經八日, 夜中伉往妾家, 妾不

---

1) 恭愍王(공민왕): 고려 제31대 왕.

2) 其一: 그 중의 하나.

3) 篤(독): 도탑다. 敦篤(돈독)하다.

4) 誠是(성시): 진실로 옳다.

5) 萬明(만명): 金庾信의 母親名.

6) 金庾信(김유신): 삼국통일의 위업을 달성한 신라의 명장.

7) 天官(천관): 妓生의 이름.

8) 酒肆(주사): 술집.

9) 被酒(피주): 술에 몹시 취하다.

10) 暴死(폭사): 갑자기 죽다.

知其死也. 顚喜[1]迎接. 伉首揷石枏枝[2], 分與妾曰: “父母許汝同居, 故來耳.” 遂與妾還到其家, 伉踰垣[3]而入. 夜將曉, 久無消息. 家人出見之, 問來由. 妾具說, 家人曰: “伉死八日, 今日欲葬, 何說怪事.” 妾曰: “良人與我分揷石枏枝, 可以此爲驗.” 於是開棺視之, 屍首揷石枏. 露濕衣裳, 履已穿矣[4]. 妾知其死, 痛哭欲絶. 伉乃還蘇[5], 偕老三十年而終. (《古本殊異傳》)

4) 溫達

溫達, 高句麗平岡王[6]時人也. 容貌龍鐘[7]可笑, 中心[8]則睟然[9]. 家甚貧, 常乞食以養母, 破衫弊履, 往來於市井間. 時人目之[10]爲愚溫達. 平岡王少女兒好啼, 王戱曰: “汝常啼聒[11]我耳, 長必不得爲士大夫妻, 當歸之[12]溫達.” 王每言之, 及女年二八[13], 欲下嫁於上部高氏. 公主對曰: “大王常語, 汝必爲溫達之婦, 今何故, 改前言乎? 匹夫猶不欲食言[14], 況[15]至尊乎? 故曰, 王者無戱言. 今大王之命謬矣, 妾不敢祗承[16].” 王怒曰: “汝不從我敎, 則固不得爲吾女也. 安用同居? 宜從汝所適矣.” 於是, 公主以寶釧[17]數十枚繫肘後, 出宮獨行, 路遇一人, 問溫達之家. 乃行至其家, 見盲老母, 近前拜, 問其子所在. 老母對曰: “吾子貧且陋, 非貴人之所可近. 今

---

1) 顚喜(전희): 미칠 듯 기뻐하다. ‘顚’은 꼭대기라는 뜻.

2) 石枏枝(석남지): 석남꽃 가지. 石枏은 녹나무(철쭉과에 딸린 상록관목)의 꽃.

3) 踰垣(유원): 담을 넘다.

4) 履已穿(리이천): 신발이 이미 뚫어졌다.

5) 還蘇(환소): 소생하다.

6) 平岡王: 고구려 제25대 平原王(559~590). 재위 32년.

7) 龍鐘(용종): 늙고 지쳐서 병든 상태의 모양.

8) 中心: 마음씨.

9) 睟然(수연): 맑고 순수하다.

10) 目之: 지목하기를. 가리키기를.

11) 啼聒(제괄): 울어서 시끄럽게 하다.

12) 歸之: 시집보내다.

13) 二八: 열여섯.

14) 食言(식언): 거짓말하다.

15) 況(황): 하물며.

16) 祗承(지승): 공경하여 받들다. 모시다.

17) 寶釧(보천): 보물과 팔찌.

聞子之臭, 芬馥[1]異常. 接子之手, 柔滑如綿, 必天下之貴人也. 因誰之侜[2], 以至於此乎? 惟我息不忍饑, 取楡皮[3]於山林, 久而未還." 公主出行至山下, 見溫達負楡皮而來, 公主與之言懷, 溫達悖然[4]曰: "此非幼女子所宜行, 必非人也, 狐鬼也, 勿迫[5]我也." 遂行不顧. 公主獨歸, 宿柴門下. 明朝更入, 與母子備言之[6], 溫達依違[7]未決. 其母曰: "吾息至陋, 不足爲貴人匹, 吾家至窶[8], 固不宜貴人居." 公主對曰: "古人言, 一斗粟猶可舂[9], 一尺布猶可縫. 則苟爲同心, 何必富貴然後可共乎?" 乃賣金釧, 買得田宅 奴婢 牛馬 器物, 資用完具. 初買馬, 公主於溫達曰: "愼勿買市人馬, 須擇國馬病瘦[10]而見放者, 而後換之." 溫達如其言. 公主養飼甚勤, 馬日肥且壯. 高句麗常以春三月三日, 會獵樂浪之丘, 以所獲猪鹿, 祭天及山川神. 至其日王出獵, 群臣及五部兵士皆從. 於是, 溫達以所養之馬隨行, 其馳騁[11]常在前, 所獲亦多, 他無若者. 王召來問姓名, 驚且異之. 時後周[12]武帝[13], 出師伐遼東, 王領軍逆戰[14]於拜山之野. 溫達爲先鋒, 疾鬪斬數十餘級. 諸軍乘勝奮擊大克, 及論功, 無不以溫達第一. 王嘉嘆之曰: "是吾女壻也." 備禮迎之, 賜爵爲大兄[15]. 由此寵榮尤渥[16], 威權日盛. 及陽岡王[17]卽位, 溫達奏[18]曰: "惟新羅割我漢北之地爲郡縣, 百姓痛恨, 未嘗忘父母之國. 願大王不以愚不肖[19], 授之以兵, 一往必還吾地." 王許焉, 臨行誓曰: "鷄立峴 竹嶺以西, 不歸於我, 則不返也." 遂行, 與

1) 芬馥(분복): 향기.

2) 侜(주): 꼬임. 속임수.

3) 楡皮(유피): 느릅나무 껍질.

4) 悖然(패연): 화를 발끈 내다.

5) 迫(박): 접근하다.

6) 備言之(비언지): 자세하게 말하다.

7) 依違(의위): 결정하지 못하고 우물쭈물함.

8) 至窶(지구): 지극히 가난하다.

9) 舂(용): 곡식을 찧다.

10) 病瘦(병수): 병들고 마르다.

11) 馳騁(치빙): 달리다.

12) 後周(후주): 北周(556~581)를 말함. 孝文帝가 세운 나라.

13) 武帝: 北周 제3대 제왕. (560~578).

14) 逆戰(역전): 맞아 싸우다.

15) 大兄: 벼슬 이름.

16) 尤渥(우악): 더욱 흡족하다.

17) 陽岡王(양강왕): 고구려 제26대 嬰陽王의 異稱.

18) 奏(주): 임금(윗사람)에게 아뢰다.

19) 不以愚不肖(불이우불초): 저를 어리석다고 여기지 않다.

羅軍戰於阿旦城[1]之下, 爲流矢所中, 路而死. 欲葬柩不肯動, 公主來撫棺曰: "死生決矣, 於乎歸矣." 遂擧而窆[2], 大王聞之悲慟[3]. (<三國史記>)

5) 處容

憲康大王之代, 自京師至於海內, 比[4]屋連墻, 無一草屋. 笙[5]歌不絶道路, 風雨調於四時. 於是, 大王遊開雲浦[6], 王將還駕, 晝歇於汀邊, 忽雲霧冥曀[7], 迷失道路. 怪問左右, 日官[8]奏云: "此東海龍所變也. 宜行勝事以解之." 於是, 勅[9]有司, 爲龍刱[10]佛寺近境, 施令已出, 雲開霧散, 因名開雲浦. 東海龍喜, 乃率七子, 現於駕前. 讚德獻舞奏樂, 其一子隨駕入京, 輔佐王政, 名曰處容. 王以美女妻之, 欲留其意, 又賜級干[11]職. 其妻甚美, 疫神欽慕之, 變爲人. 夜至其家, 竊[12]與之宿. 處容自外至其家, 見寢有二人, 乃唱歌作舞而退. 歌曰: "東京明期月良, 夜入伊遊行如可. 入良沙寢矣見昆, 脚烏伊四是良羅. 二肹隱吾下於叱古, 二肹誰支下焉古. 本矣吾下是如馬於隱, 奪叱良乙何如爲理古."[13] 時, 神現形, 跪於前曰: "吾羨[14]公之妻, 今犯之矣. 公不見怒, 感而美之. 誓今已後, 見畵公之形容, 不入其門矣." 因此, 國人門帖處容之形, 以僻[15]邪進慶. 王旣還, 乃卜靈鷲山東麓勝地置寺, 曰望海寺. 亦名新房寺, 乃爲龍而置也. (<三國遺事>)

---

1) 阿旦城(아단성): 阿且山의 誤記. 아차산은 서울 광나루 뒷산.

2) 窆(폄): 하관하다. 장사지내다.

3) 慟(통): 슬프다. 애통하다.

4) 比(비): 연잇다.

5) 笙(생): 악기 이름. '생황'.

6) 開雲浦(개운포): 지금의 蔚山 부근.

7) 冥曀(명에): 어둡고 음산하다.

8) 日官(일관): 천문을 맡아보는 관리.

9) 勅(칙): 관리에게 명령을 내리다.

10) 刱(창): '創'과 같음. '창기하다'.

11) 級干(급간): 新羅 관직의 일종.

12) 竊(절): 몰래. 사사로이.

13) 신라 鄕歌 <處容歌>의 내용. "서울 달 밝은 밤에, 밤이 깊도록 노닐다가, 들어와 자리를 보니, 가랑이가 넷이로구나. 둘은 내 것이거니와, 둘은 누구의 것인고. 본디 내 것이었지만, 빼앗긴 것을 어쩌랴?"

14) 羨(선): 부러워하다.

15) 僻(벽): 물리치다.

6) 兩班傳

朴趾源

兩班者, 士族之尊稱也. 旌善之郡, 有一兩班, 賢而好讀書, 每郡守新至, 必親造[1]其廬而禮之. 然家貧歲食郡糴, 積歲至千石. 觀察使巡行郡邑, 閱糶糴[2], 大怒曰: "何物兩班乃乏軍興[3]."

命囚其兩班, 郡守意哀其兩班, 貧無以爲償, 不忍囚之, 亦無可奈何?

兩班日夜泣, 計不知所出. 其妻罵曰: "平生子好讀書, 無益縣官糴, 咄[4]兩班, 兩班不値一錢."

其里之富人, 私相議曰: "兩班雖貧, 常尊榮, 我雖富, 常卑賤, 不敢騎馬. 見兩班, 則跼蹜[5]屛營, 匍匐[6]拜庭, 曳鼻膝行, 我常如此, 其僇辱也. 今兩班, 貧不能償糴, 方大窘, 其勢誠不能保其兩班, 我且買而有之."

遂踵門[7]而請償其糴, 兩班大喜許諾. 於是, 富人立輸其糴於官.

郡守大驚異之, 自往勞其兩班, 且問償糴狀, 兩班氈笠[8]衣短衣, 伏塗謁稱小人, 不敢仰視. 郡守大驚, 下扶曰: "足下[9], 何自貶辱若是?"

兩班益恐懼, 頓首俯伏曰: "惶悚. 小人非敢自辱, 已自鬻其兩班, 以償糴, 里之富人方兩班也. 小人復安敢冒其舊號而自尊乎?"

郡守歎曰: "君子哉! 富人也, 兩班哉! 富人也, 富而不吝, 義也, 急人之難, 仁也, 惡卑而慕尊, 智也, 此眞兩班. 雖然, 私自交易而不立券, 訟之端也. 我與汝約郡人而證之, 立券而信之, 郡守當自署之."

於是, 郡守歸府, 悉召郡中之士族及農工商賈, 悉至于庭, 富人坐鄕[10]所之右, 兩班立於公

1) 造(조): 나아가다.

2) 糶糴(조적): 관곡(官穀)의 출납(出納).

3) 軍興: 軍糧.

4) 咄(돌): 에이! 에끼!

5) 跼蹜(국축): 등을 구부려 펴지 못함.

6) 匍匐(포복): 땅에 엎드리어 엉금엉금 기다.

7) 踵門(종문): 친히 그 집에 이르다.

8) 氈笠(전립): 벙거지.

9) 足下: 같은 연배에 대한 존칭.

10) 鄕(향): 조선조 때 지방자치기관의 일종.

兄之下, 乃爲立券曰: "乾隆十年九月日, 右明文段, 厥賣兩班, 爲償官穀, 其直千斛. 維厥兩班, 名謂多端, 讀書曰士, 從政爲大夫, 有德爲君子. 武階列西, 文秩叙東, 是爲兩班. 任爾所從, 絶棄鄙事, 希古尙志[1], 五更常起, 點硫燃脂[2], 目視鼻端, 會踵支尻, 東萊博議, 誦如氷瓢[3], 忍饑耐寒, 口不說貧, 叩齒彈腦, 細嗽嚥津, 袖刷毳冠[4], 拂塵生波[5], 盥毋擦拳, 漱口毋過, 長聲喚婢, 緩步曳履, 古文眞寶[6], 唐詩品彙, 鈔寫如荏, 一行百字, 手毋執錢, 不問米價, 暑毋跣襪[7], 飯毋徒髻[8], 食毋先羹, 歠毋流聲, 下箸毋舂, 毋餌生葱, 飮醪毋嘬鬚[9], 吸煙毋輔窳[10], 忿毋搏妻, 怒毋踢器, 毋拳毆兒女, 毋詈 死奴僕, 叱牛馬, 毋辱鬻主, 病毋招巫, 祭不齋僧, 爐不煮手, 語不齒唾, 毋屠牛, 毋賭錢, 凡此百行, 有違兩班, 持此文記, 卞正于官."

城主旌善郡守押[11], 座首別監證署. 於是通引[12]搨印錯落, 聲中嚴鼓, 斗縱叄橫. 戶長讀旣畢, 富人悵然久之曰: "兩班只此而已耶? 吾聞兩班如神仙, 審如是太乾沒[13], 願改爲可利."

於是, 乃更作卷曰: "維天生民, 其民維四, 四民之中, 最貴者士, 稱以兩班, 利莫大矣. 不耕不商, 粗涉文史, 大決文科, 小成進士, 文科紅牌, 不過二尺, 百物備具, 維錢之橐, 進士三十, 乃筮初仕, 猶爲名蔭[14], 善事雄南, 耳白傘風, 腹皤鈴諾, 室珥治妓, 庭穀鳴鶴. 窮士居鄕, 猶能武斷, 先耕隣牛, 借耘里氓, 孰敢慢我. 灰灌汝鼻, 暈髻汰鬢[15], 無敢怨咨."

富人中其券而吐舌曰: "已之, 已之, 孟浪哉! 將使我爲盜耶?"

掉頭而去, 終身不復言兩班之事. (<燕巖集>)

---

1) 希古尙志(희고상지): 옛 성현의 가르침을 본받아 그 뜻을 숭상함.

2) 點硫燃脂(점유연지): 촛불을 밝히다.

3) 誦如氷瓢(송여빙표): 얼음판에 표주박 굴리듯 술술 외우다.

4) 毳冠(취관): 짐승의 가는 털로 만든 관.

5) 拂塵生波(불진생파): 먼지를 깨끗이 털고 물결무늬를 만듦.

6) 古文眞寶(고문진보): 黃堅이 편찬한 중국의 詩文集.

7) 跣襪(선말): 버선을 신지 않은 맨발.

8) 徒髻(도계): 갓을 쓰지 않은 맨상투 모습.

9) 嘬鬚(최수): 수염을 빠는 것.

10) 輔窳(보유): 광대뼈가 이지러지다.

11) 押(압): 옛날에 손으로 쓰는 싸인.

12) 通引(통인): 조선조 때 지방 관청에서 잡일을 하던 사환.

13) 乾沒(건몰): 매점매석한 물건을 관청에서 강제로 빼앗아 감.

14) 名蔭(명음): 文科를 거치지 못한 南行의 出身을 뜻함.

15) 暈髻汰鬢(훈계태빈): 상투를 쥐고 도리질을 하고, 살쩍을 잡아 뜯다.

7) 訓民正音序

世宗大王

國之語音異乎中國, 與文字[1]不相流通, 故愚民有所欲言, 而終不得伸基情者多矣. 予爲此憫然 新制二八字, 欲使人人易習, 便於日用耳.

鄭麟趾

有天地自然之聲, 則必有天地自然之文. 所以古人因聲制子, 以通萬物之情, 以載三才之道, 而後世不能易也. 然四方風土區別, 聲氣亦隨而異焉. 盖外國之語, 有其聲而無其字. 假中國之字以通其用, 是猶枘鑿[2]之鉏鋙[3]也. 豈能達而無礙乎. 要皆各隨所處而安, 不可强之使同也. 吾東方禮樂文章侔擬華夏. 但方言之語不與之同. 學書者患其旨趣之難曉, 獄者疾其曲折之難通. 昔新羅薛總 始作吏讀, 官府民間至今行之. 然皆假字而用, 或澁或窒. 非但鄙無稽而已, 至於言語之間, 則不能達其萬一焉.

癸亥冬. 我殿下創制正音二十八字, 略揭例義以示之, 名曰訓民正音. 象形而字倣古篆, 因聲而音犀七調[4]. 三極[5]之義, 二氣[6]之妙, 莫不該括, 以二十八字而轉換無窮, 簡而要, 精而通. 故智者不終朝而會, 愚者可浹旬而學, 以是解書, 可以知其義. 以是聽訟[7], 可以得其情. 字韻則淸獨之能辨, 樂歌則律呂[8]之克諧. 無所用而不備, 無所往而不達. 雖風聲鶴唳, 鷄鳴狗吠, 皆可得而書矣.

逐命詳加解釋, 以喩諸人. 於是, 臣與集賢殿應敎臣崔恒, 副敎理臣朴彭年, 臣申叔舟, 修撰臣成三問, 敦寧府注簿臣姜希顔, 行集賢殿副修撰臣李塏, 臣李善老等, 謹作諸解及例, 以敍其梗槪. 庶使觀者不師而自悟. 若其淵源精義之妙, 則非臣等之所能發揮也.

---

1) 文字: '漢字'를 뜻함.

2) 枘鑿(예조): 네모난 촉꽂이와 둥근 구멍.

3) 鉏鋙(서어): 틀어져서 어긋남.

4) 七調(칠조): 일곱 가지 樂調. (宮·商·角·徵·羽·半商·半徵).

5) 三極(삼극): 天·地·人.

6) 二氣(이기): 陰·陽.

7) 聽訟(청송): 재판하기 위해 訟事를 들음.

8) 律呂(율려): 음악 또는 음성의 가락.

恭惟我殿下, 天縱之聖[1], 制度施爲超越百王. 正音之作, 無所祖述[2], 而成於自然. 豈以其至理之無所不在, 而非人爲之私也. 夫東方有國, 不爲不久, 而開物成務[3]之大智, 盖有待於今日也歟.

1) 天縱之聖(천종지성): 하늘이 내린 성인.

2) 祖述(조술): 선인의 설(說)을 근본으로 하여 그 뜻을 펴 서술(敍述)함.

3) 開物成務(개물성무): 사물의 이치를 깨우치고 일을 이룩하다.

(2) 시가(詩歌)

1) 遺于仲文[1] 乙支文德

神策[2]究[3]天文 妙算窮[4]地理
戰勝功旣高 知足願云止

2) 秋夜雨中 崔致遠

秋風惟苦吟[5] 世路少知音[6]
窓外三更雨 燈前萬里心[7]

3) 絶命詩 成三問

擊鼓催人命 西風日欲斜
黃泉無客店 今夜宿誰家

4) 送友人 鄭知常

雨歇[8]長堤[9]草色多 送君南浦動悲歌
大同江水何時盡 別淚[10]年年添綠波

---

1) 遺于仲文(유우중문): '遺'는 주다. 을지문덕이 살수대첩에서 적장 于仲文에게 보낸 전략적인 詩.

2) 神策(신책): 귀신같은 책략.

3) 究(구): 다하다.

4) 窮(궁): 窮究하다.

5) 苦吟(고음): 애써 시를 읊조리다.

6) 知音(지음): 자신을 알아주는 진정한 벗.

7) 萬里心(만리심): 고향을 향해 한없이 달리는 마음.

8) 歇(헐): 그치다. 멈추다. 쉬다.

9) 堤(제): 둑, 방죽.

10) 別淚(별루): 이별의 눈물.

5) 詠半月　　　　黃眞伊

誰斷崑崙[1]玉　　裁成織女[2]梳
牽牛[3]一去後　　愁擲[4]碧空虛

6) 泣別慈母　　　　申師任堂

慈親鶴髮[5]在臨瀛[6]　　身向長安獨去情
回首北坪[7]時一望　　白雲飛下暮山靑

7) 閑山島夜飮　　　　李舜臣

水國[8]秋光暮　　驚寒雁陣高
憂心輾轉[9]夜　　殘月[10]照弓刀

8) 花石亭　　　　李珥

林亭[11]秋已晩　　騷客[12]意無窮
遠水連天碧　　霜楓向日紅
山吐孤輪月[13]　　江含萬里風

1) 崑崙(곤륜): 중국 전설 속에 나오는 산. 아름다운 옥이 나는 산으로 알려짐.

2) 織女: 직녀.

3) 牽牛: 견우.

4) 擲(척): 던지다. 내버리다.

5) 鶴髮(학발): 노인의 백발.

6) 臨瀛(임영): 강릉(江陵)의 옛 이름.

7) 北坪(북평): 신사임당의 고향 마을.

8) 水國(수국): 閑山島를 가리킴.

9) 輾轉(전전): 이리저리 뒤척이며 잠 못 이룸.

10) 殘月(잔월): 새벽 달.

11) 林亭(임정): 숲 속의 정자, 즉 화석정.

12) 騷客(소객): 시인(詩人). 묵객(墨客). 문인(文人).

13) 輪月(윤월): 둥근 달.

寒鴻[1]何處去　　聲斷暮雲中

9) 金剛山　　權近

雲立亭亭[2]千萬峰　　海雲開出玉芙蓉
神光蕩漾[3]滄溟[4]近　　淑氣[5]蜿蜒[6]造化鍾
突兀[7]岡巒臨鳥道　　淸幽洞壑[8]秘仙蹤
東遊便欲凌高頂　　俯視鴻蒙一盪胸

---

1) 寒鴻(한홍): 쓸쓸한 기러기.
2) 亭亭(정정): 우뚝 솟은 모양. 아름다운 모양.
3) 蕩漾(탕양): 물이 흐르는 모양.
4) 滄溟(창명): 푸른 바다. 창해(滄海).
5) 淑氣(숙기): 온화한 봄기운.
6) 蜿蜒(완연): 산맥같은 것이 길게 이어진 모양.
7) 兀(올): 우뚝하다.
8) 洞壑(동학): 골. 산골짜기.

3. 중국 한문(中國 漢文)

(1) 산문(散文)

1) 塞翁之馬

夫禍福之轉而相生, 其變難見也. 近塞上之人有善術者[1]. 馬無故, 亡而入胡. 人皆弔之. 其父曰: “此何遽不爲福乎?” 居數月, 其馬將胡駿馬而歸. 人皆賀之 其父曰: “此何遽不能爲禍乎?” 家富良馬[2]. 其子好騎, 墮而折其髀[3]. 人皆弔之. 其父曰: “此何遽不能爲福乎?” 居一年, 胡人大入塞. 丁壯者[4]引弦而戰, 近塞之人, 死者十九[5]. 此獨以跛之故, 父子相保. 故福之爲禍, 禍之爲福, 化不可極, 深不可測也. (<淮南子>)

2) 矛盾

楚人有鬻[6]盾與矛者, 譽[7]之曰: “吾盾之堅, 物莫能陷也.” 又譽其矛曰: “吾矛之利[8], 于物無不陷也.” 或曰: “以子之矛, 陷子之盾, 何如?” 其人弗能應也. 夫不可陷之盾與無不陷之矛不可同世而立. (<韓非子>)

---

1) 善術者(선술자): 술법에 능한 사람.

2) 家富良馬(가부량마): 집에 좋은 말이 많다.

3) 髀(비): 넓적다리.

4) 丁壯者(정장자): 젊은 사람. 丁은 20세, 壯은 30세의 남자.

5) 十九: 十分之九.

6) 鬻(육): 팔다.

7) 譽(예): 과장하여 말하다.

8) 利: 날카롭다. 예리하다.

3) 螢雪之功

晋車胤, 字武子, 幼恭勤博覽[1], 家貧, 不常得油, 夏月以練囊[2]盛數十螢火, 照書讀之, 以夜繼日, 後, 官至尙書郞. 今人以書窓爲螢窓, 由此也. 晉孫康, 小淸介, 交游不雜, 家貧, 無油, 嘗映雪讀書, 後, 官至御史大夫. 今人以書案爲雪案, 由此也. (<蒙求>)

4) 畵蛇添足

楚有祠[3]者, 賜其舍人卮酒, 舍人[4]相謂曰: "數人飮之不足, 一人飮之有余. 請畵地爲蛇, 先成者飮酒." 一人蛇先成, 引酒且飮之, 乃左手持卮, 右手畵蛇, 曰: "吾能爲之足[5]." 未成, 一人之蛇成奪其卮,曰: "蛇固[6]無足, 子安能爲之足?" 遂飮其酒. 爲蛇足者終亡其酒. (<戰國策>)

5) 鷸蚌相爭

趙且伐燕, 蘇代[7]爲燕謂惠王曰: "今者臣來, 過易水[8], 蚌方出曝[9], 而鷸[10]啄其肉, 蚌合而箝其喙[11]. 鷸曰: "'今日不雨, 明日不雨, 卽有死蚌.' 蚌亦謂鷸曰: '今日不出, 明日不出, 卽有死鷸.' 兩者不肯相舍, 漁者得而幷擒之. 今趙且伐燕, 燕趙久相支, 以弊大衆, 臣恐强秦之爲漁夫也. 故愿王熟計之也." 惠王曰: "善!" 乃止. (<戰國策>)

---

1) 博覽(박람): 책을 널리 많이 읽음. 사물을 널리 봄.

2) 囊(낭): 주머니.

3) 祠: 제사지내다.

4) 舍人(사인): 귀족 집안의 문객(門客). 식객(食客)이라고도 함.

5) 爲之足: 거기에 발을 그려주다.

6) 固: 본래, 원래.

7) 蘇代(소대): 전국시대 유명한 설객(說客).

8) 易水(역수): 지금 河北省 경내에 있는 강 이름.

9) 曝(폭): 햇볕을 쬐다.

10) 鷸(휼): 물새의 일종. 도요새.

11) 喙(훼): 새의 부리. 주둥이.

6) 朝三暮四

宋有狙[1]公者, 愛狙, 養之成群, 能解狙之意; 狙亦得公之心. 損其家口, 充狙之欲. 俄而匱焉, 將限其食, 恐衆狙之不馴[2]于己也. 先誑[3]之曰: “與若芧, 朝三而暮四, 足乎?” 衆狙皆起怒. 俄[4]而曰: “與若芧[5], 朝四而暮三, 足乎?” 衆狙皆伏而喜. (<庄子 齊物論>)

7) 伯牙絶絃

伯牙善鼓琴, 鐘子期善[6]聽. 伯牙鼓琴, 志在高山, 鐘子期曰: “善哉. 峨峨[7]兮若泰山! ” 志在流水, 鐘子期曰: “善哉, 洋洋[8]兮若江河! ” 伯牙所念, 鐘子期必得之. 子期死, 伯牙謂世再無知音, 乃破琴絶弦, 終身不復鼓.

伯牙游于泰山之陰, 卒逢暴雨, 止于巖下, 心悲, 乃援琴而鼓之. 初爲<霖雨>之操, 更造崩山之音. 曲每奏, 鐘子期輒窮其趣. 伯牙乃舍琴而嘆曰: “善哉, 善哉! 子之听夫志, 想象▩吾心也. 吾于何逃聲哉?”

8) 契舟求劍

楚人有涉江[9]者, 其劍自舟中墜[10]於水. 遽[11]契其舟曰: “是吾劍之所墜.” 舟止, 從其契者, 入

---

1) 狙(저): 원숭이.

2) 馴(순): 길들이다.

3) 誑(광): 속이다.

4) 俄(아): 갑자기, 즉시.

5) 芧(서): 도토리나무. 도토리.

6) 善(선): 좋아하다.

7) 峨峨(아아): 산이나 큰 바위 같은 것이 아슬아슬하게 치솟은 모양. 위엄이 있고 성한 모양.

8) 洋洋(양양): 한 없이 넓음.

9) 涉江(섭강): 강을 건너다.

10) 墜(추): 떨어지다.

11) 遽(거): 급히, 다급히.

水求之. 舟已行矣, 而劍不行. 求劍若此, 不亦惑乎? 以此故法[1], 爲其國, 與此同. 時已徙[2]矣, 而法不徙. 以此爲治, 豈不難哉? (<呂氏春秋>)

9) 管鮑之交

司馬遷

管仲[3]夷吾者, 穎上人也. 少時, 常與鮑叔牙[4]游, 鮑叔知其賢. 管仲貧困, 常欺鮑叔; 鮑叔終善遇之, 不以爲言. 已而[5]鮑叔事齊公子小白[6], 管仲事公子糾[7]. 及小白立爲桓公, 公子糾死, 管仲囚焉; 鮑叔遂進[8]管仲. 管仲旣用, 任政於齊, 齊桓公以霸, 九合[9]諸侯, 一匡[10]天下, 管仲之謀也.

管仲曰: "吾始困時, 嘗與鮑叔賈[11], 分財利, 多自與; 鮑叔不以我爲貪, 知我貧也; 吾嘗爲鮑叔謀事, 而更窮困. 鮑叔不以我爲愚, 知時有利不利也; 吾嘗三仕三見逐[12]於君, 鮑叔不以我爲不肖, 知我不遭時也; 吾嘗三戰三走, 鮑叔不以我爲怯, 知我有老母也; 公子糾敗, 召忽[13]死之, 吾幽囚受辱, 鮑叔不以我爲無恥, 知我不羞小節, 而恥功名不顯於天下也; 生我者父母, 知我者鮑子[14]也." 鮑叔旣進管仲, 以身下之. 子孫世祿於齊, 有封邑者十餘世, 常爲名大夫. 天下不多管仲之賢, 而多鮑叔能知人也. (<史記>)

---

1) 故法(고법): 옛 법.
2) 徙(사): 옮기다.
3) 管仲(관중): 춘추시대 齊나라의 명신. 字는 夷吳(이오).
4) 鮑叔牙(포숙아): 포숙(鮑叔). 齊나라의 대부로 관중을 천거함.
5) 已而(이이): 그런 뒤로.
6) 小白(소백): 齊나라 제후 襄公의 동생.
7) 糾(규): 人名. 관중이 섬겼던 사람.
8) 遂進(수진): 마침내 천거하다.
9) 九合(구합): '九'는 '糾'와 통함. '合'은 이끌고 영도하다.
10) 匡(광): 바로잡다.
11) 賈(고): 장사하다.
12) 見逐(견축): 쫓겨나다. '見'은 피동을 표시함.
13) 召忽(소홀): 관중과 함께 공자 糾를 섬겼던 신하.
14) 鮑子(포자): 포숙.

10) 愛蓮說

周敦頤

水陸草木之花, 可愛者甚蕃[1]. 晉陶▩明獨愛菊. 自李唐[2]來, 世人甚愛牡丹. 予獨愛蓮之出淤泥[3]而不染, 濯淸漣[4]而不妖, 中通外直, 不蔓[5]不枝, 香遠益淸, 亭亭[6]淨植[7], 可遠觀而不可褻玩[8]焉. 予謂菊, 花之隱逸者也; 牡丹, 花之富貴者也; 蓮, 花之君子者也. 噫! 菊之愛, 陶后鮮有聞; 蓮之愛, 同予者何人? 牡丹之愛, 宜乎衆矣. (<古文眞寶>)

11) 師說

韓愈

古之學者必有師. 師者, 所以傳道 · 受業 · 解惑也. 人非生而知之者, 孰能無惑? 惑而不從師, 其爲惑也, 終不解矣.

生乎吾前[9], 其聞道也, 固[10]先乎吾, 吾從而師之. 生乎吾後, 其聞道也, 亦先乎吾, 吾從而師之. 吾師道也, 夫庸[11]知其年之先後生於吾乎. 是故無貴 · 無賤 · 無長 · 無少[12], 道之所存, 師之所存也.

嗟乎[13]! 師道之不傳也久矣, 欲人之無惑也難矣! 古之聖人, 其出人[14]也遠矣. 猶且從師而問焉. 今之衆人, 其下聖人也亦遠矣, 而恥學於師. 是故聖益聖, 愚益愚[15]. 聖人之所以爲聖, 愚人之所以爲愚, 其皆出於此乎.

---

1) 蕃(번): 무성하다. 우거지다.

2) 李唐: 唐代의 姓이 李氏이므로 '李唐'이라 함.

3) 淤泥(어니): 진흙.

4) 濯淸漣(탁청련): 맑은 잔물결에 씻기다.

5) 蔓(만): 덩굴지다. 퍼지다. 엉키다.

6) 亭亭(정정): 우뚝선 모양.

7) 淨植(정식): 깨끗하게 서있다.

8) 褻玩(설완): 어울려 놀다.

9) 生乎吾前(생호오전): 나보다 먼저 태어났다.

10) 固(고): 진실로.

11) 夫庸(부용): '夫'는 발어사(發語詞), '庸'은 '어찌'의 뜻.

12) 無貴 · 無賤 · 無長 · 無小(무귀 · 무천 · 무장 · 무소): 貴賤과 長少를 따질 필요가 없음.

13) 嗟乎(차호): 아아! (감탄사)

14) 出人: 出於人. 남보다 뛰어남.

15) 聖益聖, 愚益愚(성익성, 우익우): 聖人은 더욱 현명해지고. 어리석은 이는 더욱 어리석어진다.

愛其子, 擇師而敎之, 於其身也, 則恥師焉, 惑矣. 彼童子之師, 授之書而習其句讀[1]者, 非吾所謂傳其道 解其惑者也. 句讀之不知, 惑之不解, 或師焉, 或不焉, 小學而大遺. 吾未見其明也.

巫·醫·樂師·百工之人, 不恥相師. 士大夫之族, 曰師 曰弟子云者, 則群聚而笑之. 問之, 則曰: "彼與彼年相若也, 道相似也." 位卑則足羞, 官盛則近諛. 嗚乎! 師道之不復可知矣. 巫 醫 樂師 百工之人, 君子不齒[2], 今其智乃反不能及, 其可怪也歟.

聖人無常師, 孔子師郯子[3] 萇弘[4] 師襄[5] 老聃[6]. 郯子之徒, 其賢不及孔子. 孔子曰: "三人行, 必有我師." 是故弟子不必不如師, 師不必賢於弟子. 聞道有先後, 術業有專攻, 如是而已.

李氏子蟠, 年十七. 好古文. 六藝經傳, 皆通習之. 不拘於時, 學於余. 余嘉其能行古道, 作師說以貽[7]之.

---

1) 習其句讀(습기구두): 句는 語義가 완결된 곳, 讀는 語調가 끊어지는 곳.

2) 君子不齒(군자불치): '齒'는 '同列'의 의미. 君子들이 그런 직업의 사람들을 업신여긴다는 뜻.

3) 郯子(담자): 춘추시대 郯國의 임금.

4) 萇弘(장홍): 周나라 敬王 때의 대부(大夫).

5) 師襄(사양): 춘추시대 魯나라의 樂官.

6) 老聃(노담): 노자(老子).

7) 貽(이): 주다. 증여하다.

(2) 시가(詩歌)

1) 關雎　　佚名氏

關關雎鳩[1]　　在河之洲
窈窕淑女　　君子好逑
參差荇菜[2]　　左右流[3]之
窈窕淑女　　寤寐求之
求之不得　　寤寐思服
悠哉悠哉　　輾轉反側
參差荇菜　　左右采之
窈窕淑女　　琴瑟友之
參差荇菜　　左右芼[4]之
窈窕淑女　　鍾鼓樂之

2) 垓下歌　　項羽

力拔山兮气盖世　　時不利兮骓不逝
騅不逝兮可奈何　　虞兮虞兮奈若何

3) 靜夜思　　李白

床前看月光　　疑是地上霜
举头望山月　　低头思故乡

4) 七步詩　　曹植

煮豆燃豆萁[5]　　豆在釜中泣
本是同根生　　相煎何太急

---

1) 關關雎鳩(관관저구): '關關'은 새 울음의 의성어. '雎鳩'는 물수리.

2) 參差荇菜(참치행채): '參差'는 올망졸망하다는 의태어. '荇菜'는 노랑어리연꽃.

3) 流(류): '留'의 의미.

4) 芼(모): '擇(가리다)'의 의미.

5) 萁(기): 깍지기.

5) 山居秋暝　　王維

空山新雨後　天气晚来秋
明月松间照　清泉石上流
竹喧归浣女[1]　莲动下渔舟
随意春芳歇[2]　王孙[3]自可留

6) 竹裏館　　王維

独坐幽篁里　弹琴复长啸
深林人不知　明月来相照

7) 春曉　　孟浩然

春眠不覺曉　處處聞啼鳥[4]
夜來風雨聲　花落知多少[5]

8) 登鸛雀樓　　王之渙

白日[6]依山盡　黃河入海流
欲窮千里目[7]　更上一層樓

9) 登岳陽樓　　杜甫

昔聞洞庭水　今上岳陽樓
吳楚東南坼[8]　乾坤日夜浮

---

1) 浣女(완녀): 빨래하는 여인.

2) 歇(헐): 시들다.

3) 王孙(왕손): 유유자적한 삶을 사는 왕유(王維) 자신을 뜻함.

4) 啼鳥(제조): 새울음 소리.

5) 多少(다소): 의문사로서 '얼마나'.

6) 白日(백일): 해.

7) 千里目(천리목): 시야를 천리까지 넓히다.

8) 東南坼(동남탁): 동남으로 나뉘어지다.

親朋[1]無一字　　老病有孤舟
戎馬[2]關山北　　憑[3]軒涕泗[4]流

10) 春望　　杜甫

國破山河在　　城春草木深
感時花濺淚　　恨別鳥驚心
烽火連三月　　家書抵[5]萬金
白頭搔[6]更短　　渾[7]欲不勝簪

11) 楓橋夜泊　　張繼

月落烏啼霜滿天　　江楓漁火[8]對愁眠
姑蘇城[9]外寒山寺[10]　　夜半鍾聲到客船

12) 江雪　　柳宗元

千山鳥飛絶　　萬徑[11]人蹤[12]滅
孤舟簑笠翁[13]　　獨酌寒江雪

---

1) 親朋(친붕): 친척과 친구.
2) 戎馬(융마): 오랑캐의 말.
3) 憑(빙): 기대다. 의지하다.
4) 涕泗(체사): 눈물과 콧물.
5) 抵(저): 해당하다, 이르다.
6) 搔(소): 긁다.
7) 渾(혼): 참으로. 전적으로.
8) 漁火(어화): 고기잡이 배의 등불.
9) 姑蘇城(고소성): 지금의 강소성(江蘇省) 소주(蘇州).
10) 寒山寺(한산사): 蘇州 서쪽 교외 楓橋 근처에 있는 절.
11) 徑(경): 좁은 길. 작은 길.
12) 人蹤(인종): 사람의 흔적.
13) 簑笠翁(사립옹): 도롱이와 삿갓을 쓴 노인.

13) 將進酒[1]　　李白

君不見黃河之水天上來　奔流[2]到海不復回
君不見高堂明鏡悲白髮　朝如靑絲[3]暮成雪
人生得意須盡歡　莫使金樽空對月
天生我材[4]必有用　千金散盡還復來
烹羊宰牛[5]且爲樂　會須[6]一飮三百杯
岑夫子[7]丹丘生[8]　將進酒君莫停
與君歌一曲　請君爲我傾耳聽
鐘鼓饌玉[9]不足貴　但願長醉不願醒
古來聖賢皆寂寞　惟有飮者留其名
陳王[10]昔時宴平樂　斗酒十千[11]恣歡謔[12]
主人何爲言少錢　徑[13]須沽[14]取對君酌
五花馬[15]千金裘[16]　呼兒將出換美酒
與爾[17]同消萬古愁

---

1) 將進酒(장진주): 술을 권하다.

2) 奔流(분류): 거세게(세차게) 흐르다.

3) 靑絲(청사): 푸른 실. 여기서는 검은 머리를 가리킴.

4) 材(재): '才'의 의미.

5) 烹羊宰牛(팽양재우): 羊을 삶고 소를 저며 요리를 만든다.

6) 會須(회수): 응당, 모름지기 (…해야 한다).

7) 岑夫子(잠부자): 岑參.

8) 丹丘生(단구생): 道士 元丹丘. 李白의 친구.

9) 鍾鼓饌玉(종고찬옥): 鍾鼓 같은 좋은 악기와 훌륭히 차려진 진수성찬.

10) 陳王(진왕): 魏나라의 曹植.

11) 十千(십천): 一萬金. 한 말에 만금이 되는 비싼 술.

12) 恣歡謔(자환학): 마음껏 지껄이고 즐기다. 농을 하며 즐기다.

13) 徑(경): 즉시. 이내. 곧.

14) 沽(고): 사다.

15) 五花馬(오화마): 털의 색깔이 靑白雜色인 귀한 말.

16) 千金裘(천금구): 값비싼 털가죽 옷.

17) 與爾(여이): 당신과 더불어.

III. 교육용 한자
(1,800자)

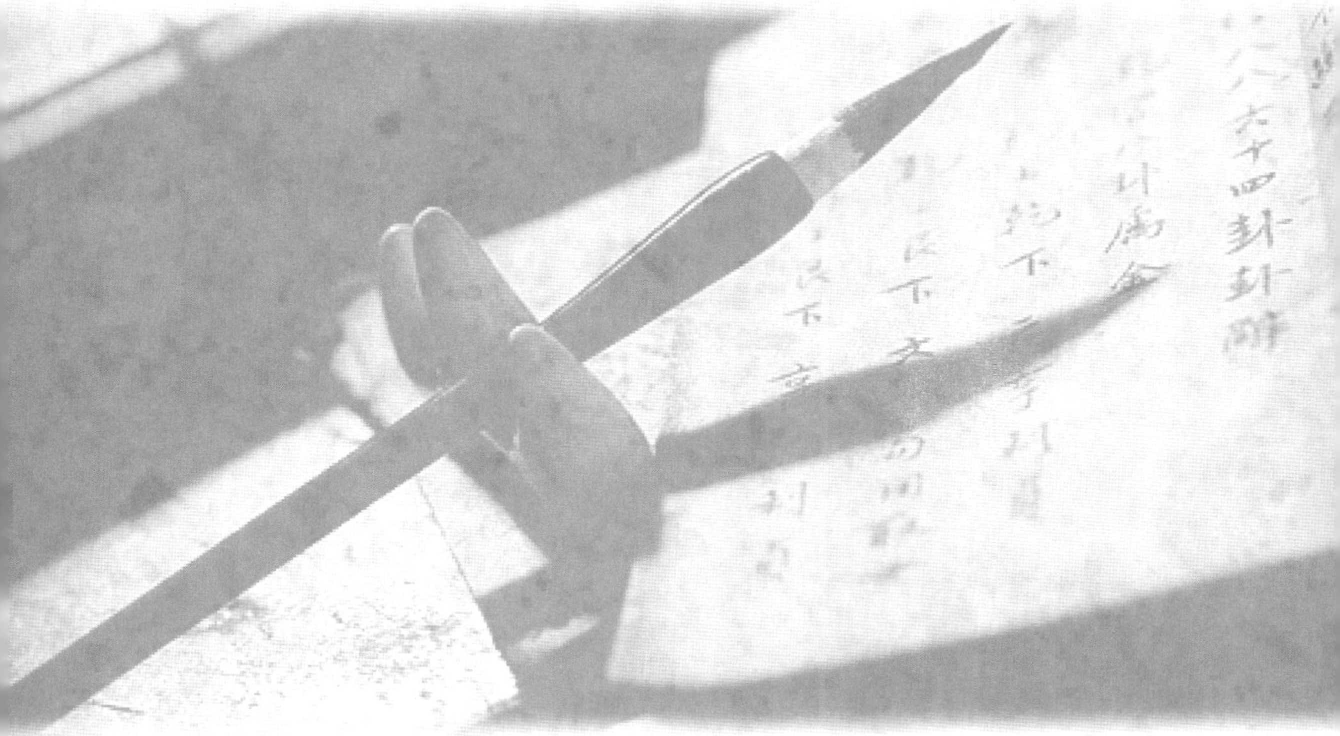

교육부에서 선정한 교육용 기초한자는 중학교 900자, 고등학교 900자이며, 이를 합해 1,800자가 된다. (가나다순)

가	價(값 가) 街(거리 가) 假(거짓 가) 歌(노래 가) 加(더할 가) 架(서울 가) 佳(아름다울 가) 可(옳을 가) 家(집 가) 暇(한가할 가)
각	覺(깨달을 각) 各(다를 각) 脚(다리 각) 却(물리칠 각) 角(뿔 각) 刻(새길 각) 閣(집 각)
간	肝(간 간) 姦(간사할 간) 干(방패 간) 看(볼 간) 間(사이 간) 刊(새길 간) 懇(정성 간) 幹(줄기 간) 簡(편지 간)
갈	渴(목마를 갈)
감	減(감할 감) 鑑(거울 감) 敢(구태여 감) 感(느낄 감) 甘(달 감) 監(볼 감)
갑	甲(갑옷 갑)
강	講(강론 강) 江(강물 강) 鋼(강철 강) 剛(굳셀 강) 强(굳셀 강) 降(내릴 강, 항복 항) 江(물 강) 綱(벼리 강) 康(편안 강)
개	改(고칠 개) 介(낄 개) 個(낱 개) 皆(다 개) 槪(대개 개) 蓋(덮개 개) 慨(분할 개) 開(열 개)
객	客(손님 객)
거	去(갈 거) 距(거리 거) 據(근거할 거) 擧(들 거) 拒(막을 거) 居(살 거) 巨(클 거)
건	健(굳셀 건) 乾(마를 건) 件(물건 건) 建(세울 건)
걸	傑(준걸 걸)
검	儉(검소할 검) 劍(칼 검)
게	憩(쉴 게)
격	格(격식 격) 激(심할 격) 擊(칠 격)
견	犬(개 견) 堅(굳을 견) 遣(보낼 견) 見(볼 견) 絹(비단 견) 肩(어깨 견)
결	決(결단할 결) 潔(맑을 결) 結(맺을 결) 缺(이지러질 결)
겸	兼(겸할 겸) 謙(사양할 겸)
경	輕(가벼울 경) 耕(갈 경) 鏡(거울 경) 慶(경사 경) 更(고칠 경, 다시 갱) 敬(공경 경) 傾(기울 경) 驚(놀랄 경) 競(다툴 경) 硬(단단할 경) 竟(마칠 경) 卿(벼슬 경) 庚(별 경) 景(빛 경, 경치 경) 京(서울 경) 頃(잠깐 경) 境(지경 경) 經(지날 경) 徑(지름길 경)
계	界(경계 계) 桂(계수나무 계) 系(계통 계) 計(꾀할 계) 季(끝 계, 계절 계) 鷄(닭 계) 契(맺을 계) 階(섬돌 계) 計(셀 계) 溪(시내 계) 啓(열 계) 癸(열째천간 계) 係(이을 계) 繼(이을 계)
고	告(고할 고) 庫(곳집 고) 固(굳을 고) 故(까닭 고) 高(높을 고) 顧(돌아볼 고) 枯(마른나무 고) 鼓(북 고, 칠 고) 考(살필 고) 姑(시어머니 고) 苦(쓸 고) 古(옛 고) 孤(외로울 고) 稿(원고 고)
곡	穀(곡식 곡) 谷(골짜기 곡) 曲(굽을 곡) 哭(울 곡)
곤	困(곤할 곤) 坤(땅 곤)

골	骨(뼈 골)
공	功(공 공) 恭(공손할 공) 孔(구멍 공) 恐(두려울 공) 供(바칠 공) 貢(바칠 공) 公(벼슬 공, 귀 공)
	工(장인 공) 攻(칠 공) 空(하늘 공, 빌 공) 共(한가지 공)
과	課(공부 과) 果(과일 과) 誇(과장할 과) 科(법 과) 瓜(오이 과) 寡(적을 과) 過(지날, 허물 과)
	戈(창 과)
곽	郭(성곽 곽)
관	冠(갓 관) 關(관문 관) 貫(꿸 관) 寬(너그러울 관) 官(벼슬 관) 觀(볼 관) 慣(익숙할 관)
	管(주관할 관) 館(집 관)
광	廣(넓을 광) 光(빛 광) 鑛(쇳덩이 광)
괘	掛(걸 괘)
괴	怪(괴이할 괴) 壞(무너뜨릴 괴) 愧(부끄러울 괴) 塊(흙덩이 괴)
교	敎(가르칠 교) 矯(고칠 교) 巧(교묘할 교) 橋(다리 교) 郊(들 교) 較(비교할 교) 交(사귈 교)
	校(학교 교)
구	鷗(갈매기 구) 俱(갖출 구) 具(갖출 구) 狗(개 구) 拘(거리낄 구) 球(공 구) 救(구제할 구)
	苟(구차할 구) 求(구할 구) 究(궁구할 구) 句(글귀 구) 區(나눌 구) 懼(두려울 구) 驅(몰 구)
	九(아홉 구) 丘(언덕 구) 構(얽을 구) 舊(옛 구) 久(오랠 구) 口(입 구)
국	菊(국화 국) 國(나라 국) 局(판 국)
군	郡(고을 군) 軍(군사 군) 群(무리 군) 君(임금 군)
굴	屈(굽을 굴)
궁	窮(궁할 궁) 宮(집 궁) 弓(활 궁)
권	權(권세 권) 勸(권할 권) 券(문서 권) 拳(주먹 권) 卷(책 권)
궐	厥(그 궐)
귀	龜(거북 귀, 틀 균) 鬼(귀신 귀) 貴(귀할 귀) 歸(돌아갈 귀)
규	規(법 규) 叫(부르짖을 규) 閨(안방 규)
균	均(고를 균) 菌(균 균)
극	極(가장 극) 劇(심할 극) 克(이길 극)
근	近(가까울 근) 僅(겨우 근) 勤(부지런할 근) 根(뿌리 근) 謹(삼갈 근) 斤(저울 근)
금	琴(거문고 금) 禁(금할 금) 錦(비단 금) 禽(새 금) 今(이제 금)
급	急(급할 급) 級(등급 급) 及(미칠 급) 給(줄 급)
긍	肯(즐길 긍)
기	飢(굶주릴 기) 其(그 기) 器(그릇 기) 記(기록 기) 期(기약 기) 氣(기운 기) 奇(기이할 기)
	旗(깃발 기) 忌(꺼릴 기) 騎(말달릴 기) 幾(몇 기) 己(몸 기) 企(바랄 기) 棄(버릴 기) 紀(벼리 기)
	寄(부칠 기) 祈(빌 기) 畿(서울근처 기) 欺(속일 기) 豈(어찌 기) 旣(이미 기) 起(일어날 기)
	技(재주 기) 基(터 기)

긴	緊(긴할 긴)
길	吉(길할 길)
김	金(쇠 금,김)
나	羅(벌릴 나, 라) 那(어찌 나)
난	暖(더울 난) 難(어려울 난)
남	南(남녘 남) 男(사내 남)
납	納(들일 납)
낭	娘(아가씨 낭)
내	耐(견딜 내) 內(안 내) 乃(어조사 내) 奈(어찌 내, 어찌 나)
냉	冷(찰 냉)
녀	女(계집 녀)
년	年(해 년)
념	念(생각 념)
녕	寧(편안 녕)
노	奴(노예 노) 怒(노할 노) 努(힘쓸 노,로)
논	論(의논 논)
농	農(농사 농) 濃(무르녹을 농)
뇌	腦(골 뇌) 惱(괴로울 뇌)
누	樓(다락 누,루)
능	能(능할 능)
니	泥(진흙 니)
다	多(많을 다) 茶(차 다)
단	斷(끊을 단) 端(끝 단) 但(다만 단) 段(단계 단) 團(둥글 단) 檀(박달나무 단) 丹(붉을 단)
	旦(아침 단) 壇(제단 단) 短(짧을 단) 單(홑 단)
달	達(통달할 달)
담	談(말씀 담) 淡(맑을 담) 擔(멜 담) 潭(연못 담)
답	畓(논 답) 答(대답 답) 踏(밟을 답)
당	唐(나라 당) 當(마땅할 당) 黨(무리 당) 糖(엿 당) 堂(집 당)
대	帶(가질 대) 待(기다릴 대) 代(대신 대) 對(대할 대) 隊(무리 대) 臺(집 대) 大(큰 대)
덕	德(큰 덕)

도	渡(건널 도) 圖(그림 도) 途(길 도) 道(길 도) 挑(끌어낼 도) 倒(넘어질 도) 盜(도둑 도) 逃(도망 도) 都(도읍 도) 跳(뛸 도) 徒(무리 도) 度(법도 도, 헤아릴 탁) 稻(벼 도) 桃(복숭아 도) 島(섬 도) 導(이끌 도) 到(이를 도) 陶(질그릇 도) 刀(칼 도)
독	督(감독할 독) 篤(도타울 독) 毒(독할 독) 讀(읽을 독) 獨(홀로 독)
돈	敦(도타울 돈) 豚(돼지 돈)
돌	突(당돌할 돌)
동	冬(겨울 동) 洞(고을 동, 밝을 통) 銅(구리 동) 東(동녘 동) 童(아이 동) 凍(얼 동) 桐(오동 동) 動(움직일 동) 同(한가지 동)
두	斗(말 두) 頭(머리 두) 豆(콩 두)
둔	鈍(둔할 둔)
득	得(얻을 득)
등	燈(등불 등) 等(무리 등) 登(오를 등)
락	洛(낙수 락) 落(떨어질 락) 絡(연락할 락) 諾(허락할 락,낙)
란	欄(난간 란) 蘭(난초 란) 爛(밝을 란) 卵(알 란) 亂(어지러울 란)
람	濫(넘칠 람) 覽(볼 람) 藍(쪽 람)
랑	廊(곁채 랑) 浪(물결 랑) 朗(밝을 랑) 郎(사내 랑)
래	來(올 래)
략	掠(노략질할 략) 略(줄일 략)
량	梁(다리 량, 대들보 량) 兩(두 량) 涼(서늘할 량) 糧(양식 량) 良(어질 량) 量(헤아릴 량)
려	麗(고울 려) 勵(권할 려) 旅(나그네 려) 慮(생각할 려)
력	歷(지날 력) 曆(책력 력) 力(힘 력)
련	練(익힐 련) 聯(잇닿을 련)
렬	烈(매울 렬) 劣(용렬할 렬) 裂(찢을 렬)
렴	廉(맑을 렴)
령	領(거느릴 령) 嶺(고개 령) 令(시킬 령) 靈(신령 령)
례	例(법식 례) 禮(예도 례)
로	路(길 로)
로	老(늙을 로) 勞(수고로울 로) 露(이슬 로) 爐(화로 로)
록	錄(기록 록) 祿(복 록) 鹿(사슴 록) 綠(푸를 록)
롱	弄(희롱할 롱)
뢰	賴(믿을 뢰) 雷(우레 뢰)
료	了(마칠 료) 料(헤아릴 료)

룡	龍(용 룡)
루	淚(눈물 루) 漏(샐 루) 累(쌓을 루) 屢(여러 루)
류	留(머무를 류) 柳(버들 류) 流(흐를 류)
륜	輪(바퀴 륜) 倫(인륜 륜)
륭	隆(높을 륭,융)
릉	陵(큰언덕 릉)
리	理(다스릴 리) 離(떠날 리) 里(마을 리) 裏(속 리) 吏(아전 리) 李(오얏 리) 利(이로울 리)
림	林(수풀 림) 臨(임할 림)
립	立(설 립)
마	磨(갈 마) 馬(말 마) 麻(삼 마)
막	莫(말 막) 漠(아득할 막) 幕(장막 막)
만	慢(게으를 만) 晩(늦을 만) 漫(물질펀할 만) 蠻(오랑캐 만) 萬(일만 만) 滿(찰 만)
말	末(끝 말)
망	妄(망녕될 망) 亡(망할 망) 望(바랄 망) 忙(바쁠 망) 茫(아득할 망) 罔(없을 망) 忘(잊을 망)
매	妹(누이 매) 每(매양 매) 梅(매화 매) 埋(묻을 매) 買(살 매) 媒(중매 매) 賣(팔 매)
맥	脈(맥 맥) 麥(보리 맥)
맹	盲(눈멀 맹) 孟(맏 맹) 盟(맹세 맹) 猛(사나울 맹)
면	免(면할 면) 綿(솜 면) 面(얼굴 면) 眠(잠잘 면) 勉(힘쓸 면)
멸	滅(멸할 멸)
명	命(목숨 명) 明(밝을 명) 銘(새길 명) 鳴(울 명) 名(이름 명)
모	謀(꾀 모) 貌(모양 모) 模(법 모) 募(부를 모) 慕(사모 모) 某(아무 모) 母(어미 모) 暮(저물 모)
	矛(창 모) 毛(털 모)
목	木(나무 목) 目(눈 목) 沐(머리감을 목) 牧(칠 목) 睦(화목할 목)
몽	夢(꿈 몽) 蒙(어릴 몽)
묘	妙(묘할 묘) 墓(무덤 묘) 廟(사당 묘) 苗(싹 묘) 卯(토끼 묘)
무	茂(무성할 무) 貿(살 무) 霧(안개 무) 無(없을 무) 舞(춤출 무) 武(호반 무) 務(힘쓸 무)
묵	墨(먹 묵) 默(잠잠할 묵)
문	文(글월 문) 聞(들을 문) 門(문 문) 問(물을 문)
물	物(만물 물) 勿(말 물)
미	尾(꼬리 미) 眉(눈썹 미) 味(맛 미) 迷(미혹할 미) 米(쌀 미) 未(아닐 미) 美(아름다울 미)
	微(희미할 미)
민	民(백성 민) 憫(불쌍할 민) 敏(빠를 민)

밀	蜜(꿀 밀) 密(빽빽할 밀)
박	博(넓을 박) 泊(묵을 박) 薄(얇을 박) 朴(진실할 박) 拍(칠 박) 迫(핍박할 박)
반	班(나눌 반) 返(돌아올 반) 反(돌이킬 반) 飯(밥 반) 叛(배반할 반) 盤(소반 반) 般(일반 반) 半(절반 반)
발	髮(터럭 발) 發(필 발)
방	傍(곁 방) 芳(꽃다울 방) 邦(나라 방) 放(놓을 방) 防(막을 방) 方(모 방) 房(방 방) 倣(본받을 방) 訪(찾을 방) 妨(해로울 방)
배	倍(갑절 배) 配(나눌 배, 짝 배) 背(등 배) 排(떠밀 배) 輩(무리 배) 培(북돋울 배) 杯(잔 배) 拜(절 배)
백	伯(맏 백) 百(일백 백) 柏(잣나무 백) 白(흰 백, 사뢸 백)
번	繁(많을 번성할 번) 煩(번거로울 번) 飜(번득일 번) 番(차례 번)
벌	罰(벌줄 벌) 伐(칠 벌)
범	範(규범 범) 汎(넘칠 범) 凡(무릇 범) 犯(범할 범)
법	法(법 법)
벽	壁(벽 벽) 碧(푸를 벽)
변	邊(가 변) 辯(말씀 변) 變(변할 변) 辨(판단할 변)
별	別(분별 별)
병	兵(군사 병) 丙(남녘 병) 病(병들 병) 屛(병풍 병) 竝(아우를 병)
보	報(갚을 보) 步(걸음 보) 普(넓을 보) 補(도울 보) 寶(보배 보) 保(보전할 보) 譜(족보 보)
복	複(겹 복) 腹(배 복) 福(복 복) 服(복종 복, 옷 복) 伏(엎드릴 복) 卜(점칠 복)
본	本(밑 본)
봉	逢(만날 봉) 奉(받들 봉) 蜂(벌 봉) 峯(봉우리 봉) 封(봉할 봉) 鳳(새 봉)
부	赴(갈 부) 符(꼭맞을 부) 復(다시 부, 회복할 복) 扶(도울 부) 府(마을 부) 簿(문서 부) 副(버금 부) 部(부락 부) 富(부자 부) 附(붙을 부) 付(붙일 부) 膚(살 부) 賦(세금 부) 腐(썩을 부) 不(아니 불) 否(아닐 부) 父(아비 부) 夫(지아비 부) 婦(지어미 부) 負(질 부)
북	北(북녘 북)
분	粉(가루 분) 分(나눌 분) 奔(달아날 분) 墳(무덤 분) 憤(분할 분) 奮(뽐낼 분) 紛(시끄러울 분)
불	拂(떨칠 불) 佛(부처 불) 弗(아니 불)
붕	崩(무너질 붕) 朋(벗 붕)
비:	秘(감출 비) 備(갖출 비) 比(견줄 비) 婢(계집종 비) 飛(날 비) 卑(낮을 비) 碑(비석 비) 批(비평할 비) 肥(살찔 비) 悲(슬플 비) 非(아닐 비) 妃(왕비 비) 鼻(코 비) 費(허비할 비)
빈	貧(가난 빈) 賓(손님 빈) 頻(자주 빈)
빙	聘(부를 빙) 氷(얼음 빙)

사	邪(간사할 사) 似(같을 사) 詐(거짓 사) 四(넉 사) 詞(말 사) 辭(말씀 사) 司(맡을 사)
	沙(모래 사) 巳(뱀 사) 蛇(뱀 사) 捨(버릴 사) 寫(베낄 사) 仕(벼슬할 사) 斜(비스듬할 사)
	史(사기 사) 謝(사례 사) 私(사사 사) 社(사직 사) 思(생각 사) 士(선비 사) 師(스승 사)
	絲(실 사) 射(쏠 사) 斯(이 사) 事(일 사) 寺(절 사) 祀(제사 사) 査(조사할 사) 死(죽을 사)
	賜(줄 사) 舍(집 사) 使(하여금 사)
삭	削(깎을 삭) 朔(초하루 삭)
산	産(낳을 산) 山(뫼 산) 算(산술 산) 酸(실 산) 散(흩을 산)
살	殺(죽일 살, 감할 쇄)
삼	三(석 삼) 森(수풀 삼)
상	常(떳떳 상) 嘗(맛볼 상) 象(모습 상, 코끼리 상) 狀(모양 상, 글 장) 桑(뽕나무 상) 祥(상서로울 상)
	賞(상줄 상) 傷(상할 상) 想(생각 상) 相(서로 상) 霜(서리 상) 上(윗 상) 尙(일찍 상, 숭상 상)
	詳(자세할 상) 商(장사 상) 喪(초상 상) 裳(치마 상) 象(코끼리 상) 床(평상 상) 像(형상 상)
새	塞(변방 새, 막을 색)
색	色(빛깔 색) 索(찾을 색, 새끼 삭)
생	生(날 생)
서	書(글 서) 暑(더울 서) 庶(무리 서) 敍(베풀 서) 西(서녘 서) 緖(실마리 서) 恕(용서 서)
	署(집 서) 序(차례 서)
석	釋(놓을 석) 石(돌 석) 惜(아낄 석) 昔(옛 석) 席(자리 석) 夕(저녁 석) 析(조갤 석)
선	禪(고요할 선) 鮮(고울 선) 旋(돌이킬 선) 船(배 선) 宣(베풀 선) 選(뽑을 선) 仙(신선 선)
	先(앞 선) 線(줄 선) 善(착할 선)
설	雪(눈 설) 說(말씀 설, 달랠 세) 設(베풀 설) 舌(혀 설)
섭	涉(건널 섭)
성	星(별 성) 省(살필 성, 줄일 생) 姓(성씨 성) 聖(성인 성) 性(성품 성) 盛(성할 성) 聲(소리 성)
	成(이룰 성) 城(재 성) 誠(정성 성)
세	細(가늘 세) 勢(기운 세) 稅(세금 세) 洗(씻을 세) 世(인간 세) 歲(해 세)
소	消(꺼질 소) 蔬(나물 소) 所(바 소) 昭(밝을 소) 召(부를 소) 燒(불사를 소) 疎(성글 소)
	騷(소동할 소) 蘇(소생할 소) 訴(송사할 소) 掃(쓸 소) 笑(웃음 소) 小(작을 소) 少(젊을 소)
	素(흴 소)
속	束(묶을 속) 速(빠를 속) 屬(속할 속) 續(이을 속) 粟(조 속) 俗(풍속 속)
손	損(덜 손) 孫(손자 손)
솔	率(거느릴 솔 비율 률)
송	頌(기릴 송) 送(보낼 송) 松(소나무 송) 訟(송사 송) 誦(외울 송)

쇄	刷(긁을 쇄) 鎖(쇠사슬 쇄)
쇠	衰(쇠할 쇠)
수	囚(가둘 수) 帥(거느릴 수) 收(거둘 수) 愁(근심 수) 樹(나무 수) 誰(누구 수) 殊(다를 수)
	遂(다할 수) 修(닦을 수) 隨(따를 수) 首(머리 수) 須(모름지기 수) 壽(목숨 수) 水(물 수)
	受(받을 수) 輸(보낼 수) 雖(비록 수) 秀(빼어날 수) 數(셈 수, 자주 삭) 手(손 수) 需(쓸 수)
	睡(졸 수) 授(줄 수) 守(지킬 수) 獸(짐승 수)
숙	孰(누구 숙) 淑(맑을 숙) 叔(아재비 숙) 肅(엄숙할 숙) 熟(익을 숙) 宿(잘 숙)
순	瞬(눈깜짝할 순) 巡(돌 순) 盾(방패 순) 純(순수할 순) 順(순할 순) 旬(열흘 순) 脣(입술 순)
	循(좇을 순) 殉(죽을 순)
술	戌(개 술) 術(꾀 술) 述(지을 술)
숭	崇(숭상할 숭)
습	襲(엄습할 습) 習(익힐 습) 濕(젖을 습) 拾(주울 습)
승	升(되 승) 昇(오를 승) 勝(이길 승) 承(이을 승) 僧(중 승) 乘(탈 승)
시	詩(글 시) 時(때 시) 侍(모실 시) 施(베풀 시) 示(보일 시) 視(볼 시) 始(비로소 시) 試(시험 시)
	是(이 시) 市(저자 시) 矢(화살 시)
식	飾(꾸밀 식) 食(먹을 식, 밥 사) 式(법 식) 息(쉴 식) 植(심을 식) 識(알 식, 표 지)
신	神(귀신 신) 申(납 신) 辛(매울 신) 身(몸 신) 信(믿을 신) 愼(삼갈 신) 新(새 신)
	晨(새벽 신) 臣(신하 신) 伸(펼 신)
실	實(열매 실) 失(잃을 실) 室(집 실)
심	深(깊을 심) 心(마음 심) 甚(심할 심) 尋(찾을 심)
십	十(열 십)
쌍	雙(짝 쌍)
씨	氏(성 씨, 각시 씨)
아	雅(고울 아) 餓(굶을 아) 我(나 아) 亞(버금 아) 芽(싹 아) 兒(아이 아) 牙(어금니 아)
	阿(언덕 아)
악	惡(악할 악, 미울 오) 岳(큰산 악) 樂(풍류 악, 즐거울 락)
안	雁(기러기 안) 眼(눈 안) 岸(언덕 안) 顔(얼굴 안) 案(책상 안) 安(편안 안)
알	謁(뵈올 알)
암	巖(바위 암) 暗(어두울 암)
압	壓(누를 압)
앙	央(가운데 앙) 仰(우러를 앙) 殃(재앙 앙)
애	涯(물가 애) 愛(사랑 애) 哀(슬플 애)

액	額(이마 액) 厄(재앙 액)
야	野(들 야) 夜(밤 야) 也(어조사 야) 耶(어조사 야)
약	若(같을 약) 藥(약 약) 弱(약할 약) 約(언약 약)
양	養(기를 양) 揚(날릴 양) 壤(땅 양) 樣(모양 양) 諒(믿을 량) 楊(버들 양) 陽(볕 양)
	讓(사양할 양) 羊(양 양) 洋(큰바다 양)
어	魚(고기 어) 漁(고기잡을 어) 語(말씀 어) 御(모실 어) 於(어조사 어)
억	抑(누를 억) 憶(생각 억) 億(억 억)
언	言(말씀 언) 焉(어조사 언)
엄	嚴(엄할 엄)
업	業(일 업)
여	如(같을 여) 予(나 여) 余(나 여) 餘(남을 여) 汝(너 여) 與(더불 여) 輿(수레 여)
역	逆(거스릴 역) 亦(또 역) 易(바꿀 역, 쉬울 이) 驛(역마 역) 疫(염병 역) 役(일 역) 域(지경 역)
	譯(통역할 역)
연	硏(갈 연) 然(그럴 연) 戀(그리울 연) 鉛(납 연) 鍊(단련할 련,연) 沿(물가 연) 硯(벼루 연)
	憐(불쌍할 련) 燃(불탈 연) 延(뻗을 연) 煙(연기 연) 蓮(연꽃 련) 軟(연할 연) 連(이을 련,연)
	緣(인연 연) 宴(잔치 연) 燕(제비 연) 演(펼 연)
열	熱(더울 열) 列(벌릴 렬,열) 悅(즐거울 열)
염	炎(더울 염) 染(물들 염) 鹽(소금 염)
엽	葉(잎사귀 엽)
영	影(그림자 영) 永(길 영) 英(꽃부리 영) 零(떨어질 영) 迎(맞을 영) 映(비칠 영) 榮(영화 영)
	詠(읊을 영) 營(집 영) 泳(헤엄칠 영)
예	銳(날카로울 예) 譽(명예 예) 豫(미리 예) 藝(재주 예)
오	誤(그를 오) 烏(까마귀 오) 悟(깨달을 오) 午(낮 오) 五(다섯 오) 汚(더러울 오) 傲(업신여길 오)
	吾(nh 오) 梧(오동 오) 娛(즐거울 오) 嗚(탄식할 오)
옥	玉(구슬 옥) 獄(우리 옥) 屋(집 옥)
온	溫(따뜻할 온)
옹	翁(늙은이 옹)
와	瓦(기와 와) 臥(누울 와)
완	緩(늘어질 완) 完(완전 완)
왈	曰(가로 왈)
왕	往(갈 왕) 王(임금 왕)
외	畏(두려울 외) 外(바깥 외)
요	謠(노래 요) 遙(멀 요) 要(중요할 요) 腰(허리 요) 搖(흔들 요)

욕	浴(미역감을 욕) 辱(욕될 욕) 慾(욕심 욕) 欲(탐낼, 하고자할 욕)
용	勇(날랠 용) 庸(떳떳할 용) 用(쓸 용) 容(얼굴 용)
우	憂(근심 우) 羽(깃 우) 優(넉넉할 우) 尤(더욱 우) 又(또 우) 遇(만날 우) 友(벗 우)
	雨(비 우) 牛(소 우) 愚(어리석을 우) 于(어조사 우) 右(오른 우) 郵(우체 우) 宇(집 우)
	偶(짝 우, 문득 우)
운	雲(구름 운) 運(옮길 운) 韻(울림 운) 云(이를 운)
웅	雄(수컷 웅)
원	援(구원할 원) 原(근본 원) 源(근원 원) 園(동산 원) 圓(둥글 원) 遠(멀 원) 員(생원 원)
	怨(원망할 원) 願(원할 원) 元(으뜸 원) 院(집 원)
월	越(넘을 월) 月(달 월)
위	僞(거짓 위) 委(맡길 위) 衛(모실 위) 胃(밥통 위) 緯(씨 위) 違(어길 위) 圍(에울 위)
	慰(위로할 위) 威(위엄 위) 危(위태할 위) 謂(이를 위) 位(자리 위) 偉(클 위) 爲(할 위)
유	類(같을 류,유) 猶(같을 유) 幽(그윽할 유) 油(기름 유) 惟(꾀할 유) 遺(끼칠 유) 愈(나을 유)
	裕(넉넉할 유) 遊(놀 유) 誘(달랠 유) 由(말미암을 유) 悠(멀 유) 酉(별 유) 柔(부드러울 유)
	儒(선비 유) 幼(어릴 유) 唯(오직 유) 維(이을 유) 有(있을 유) 乳(젖 유)
육	肉(고기 육) 育(기를 육) 陸(뭍 륙,육)
윤	潤(불을 윤) 閏(윤달 윤)
율	栗(밤 률,율) 律(법 율)
은	隱(숨을 은) 銀(은 은) 恩(은혜 은)
을	乙(새을)
음	陰(그늘 음) 飮(마실 음) 音(소리 음) 吟(읊을 음) 淫(음란할 음)
읍	邑(고을 읍) 泣(울 읍)
응	應(응할 응)
의	儀(거동 의) 依(기댈 의) 意(뜻 의) 矣(어조사 의) 宜(옳을 의) 義(옳을 의) 衣(옷 의)
	議(의논할 의) 疑(의심 의) 醫(의원 의) 依(의지할 의)
이	耳(귀 이) 異(다를 이) 二(두 이) 貳(두 이) 梨(배 리) 履(신 리) 以(써 이) 而(어조사 이)
	夷(오랑캐 이) 移(옮길 이)
익	翼(날개 익) 益(더할 익)
인	印(도장 인) 寅(동방 인) 人(사람 인) 認(알 인) 仁(어질 인) 引(이끌 인) 隣(이웃 린)
	因(인할 인) 忍(참을 인) 刃(칼날 인) 姻(혼인할 인)
일	日(날 일) 逸(편안할 일) 一(한 일) 壹(한 일)
임	任(맡길 임) 賃(삯 임) 壬(아홉째천간 임)
입	入(들 입)

자	刺(가시 자, 찌를 척) 字(글자 자) 者(놈 자) 姉(누나자, 姊) 姿(모양 자) 恣(방자할 자)
	慈(사랑 자) 自(스스로 자) 子(아들 자) 雌(암컷 자) 玆(이 자) 資(자료 자) 紫(자줏빛 자)
작	爵(벼슬 작) 昨(어제 작) 作(지을 작) 酌(짐작할 작)
잔	殘(남을 잔)
잠	蠶(누에 잠) 潛(잠길 잠) 暫(잠깐 잠)
잡	雜(섞일 잡)
장	藏(감출 장) 奬(권할 장) 章(글장 장) 長(긴 장) 丈(길 장) 臟(내장 장) 粧(단장 장) 墻(담 장)
	場(마당 장) 障(막을 장) 張(베풀 장) 掌(손바닥 장) 帳(장막 장) 葬(장사 장) 將(장수 장)
	莊(장원 장) 壯(장할 장) 腸(창자 장) 裝(행장 장)
재	再(두 재) 裁(마름질할 재) 載(실을 재) 栽(심을 재) 哉(어조사 재) 在(있을 재) 財(재물 재)
	災(재앙 재) 才(재주 재)
쟁	爭(다툴 쟁)
저	低(낮을 저) 抵(밀칠 저) 貯(쌓을 저) 著(지을 저, 붙을 착)
적	寂(고요할 적) 的(과녁 적) 績(길삼 적) 賊(도적 적) 摘(딸 적) 適(마침 적) 滴(물방울 적)
	赤(붉을 적) 積(쌓을 적) 敵(원수 적, 적 적) 跡(자취 적) 蹟(자취 적) 笛(피리 적) 籍(호적 적)
전	轉(구를 전) 錢(돈 전) 田(밭 전) 電(번개 전) 典(법 전) 戰(싸울 전) 前(앞 전)
	專(오로지 전) 全(온전 전) 傳(전할 전) 展(펼칠 전)
절	折(꺾을 절) 絶(끊을 절) 切(끊을 절, 온통 체) 節(마디 절)
점	店(가게 점) 漸(번질 점) 點(점 점) 占(점칠 점)
접	蝶(나비 접) 接(접할 접)
정	靜(고요할 정) 訂(고칠 정) 貞(곧을 정) 程(길 정) 情(뜻 정) 庭(마당 정) 停(머무를 정)
	正(바를 정) 井(우물 정) 頂(이마 정) 丁(장정 정) 整(정돈할 정) 政(정사 정) 亭(정자 정)
	定(정할 정) 淨(정할 정) 精(정할 정) 廷(조정 정) 征(칠 정)
제	濟(건널 제) 齊(고를 제) 題(글제 제) 提(끌 제) 制(만들 제) 諸(모든 제) 弟(아우 제)
	帝(임금 제) 堤(제방 제) 祭(제사 제) 除(제할 제) 際(즈음 제) 製(지을 제) 第(차례 제)
조	條(가지 조) 調(고를 조) 助(도울 조) 燥(마를 조) 造(만들 조) 照(비칠 조) 鳥(새 조)
	租(세금 조) 朝(아침 조) 早(일찍 조) 操(잡을 조) 弔(조상할 조) 潮(조수 조)
	兆(조짐 조, 억조 조) 組(짤 조) 祖(할아비 조)
족	族(겨레 족) 足(발 족)
존	尊(높을 존) 存(있을 존)
졸	卒(군사 졸) 拙(못날 졸)
종	宗(마루 종, 높을 종) 終(마칠 종) 縱(세로 종, 방종할 종) 鐘(쇠북 종) 種(씨 종) 從(좇을 종)

좌	佐(도울 좌)　坐(앉을 좌)　左(왼 좌)　座(자리 좌)
죄	罪(허물 죄)
주	州(고을 주)　柱(기둥 주)　株(나무 주)　晝(낮 주)　走(달아날 주)　周(두루 주)　洲(물가 주)
	注(물댈 주)　朱(붉을 주)　住(살 주)　酒(술 주)　主(임금 주)　宙(집 주)
죽	竹(대 죽)
준	準(법 준)　遵(좇을 준)　俊(준걸 준)
중	中(가운데 중)　重(무거울 중)　衆(무리 중)　仲(버금 중)
즉	卽(곧 즉)
증	增(더할 증)　憎(미워할 증)　曾(일찍 증)　贈(줄 증)　證(증거할 증)　症(증세 증)　蒸(찔 증)
지	指(가리킬 지)　枝(가지 지)　持(가질 지)　之(갈 지)　止(그칠 지)　誌(기록 지)　只(다만 지)
	遲(더딜 지)　地(땅 지)　志(뜻 지)　池(못 지)　知(알 지)　至(이를 지)　紙(종이 지)　支(지탱할지)
	智(지혜 지)
직	直(곧을 직)　職(맡을 직)　織(짤 직)
진	進(나아갈 진)　辰(날 신, 별 진)　盡(다할 진)　振(떨칠 진)　陳(베풀 진)　珍(보배 진)
	鎭(진압할 진)　陣(진칠 진)　眞(참 진)
질	質(바탕 질)　疾(병 질)　姪(조카 질)　秩(차례 질)
집	集(모을 집)　執(잡을 집)
징	徵(부를 징)　懲(징계할 징)
차	且(또 차)　次(버금 차)　車(수레거　차)　差(어긋날 차)　此(이 차)
착	着(다다를 착)　錯(섞일 착)　捉(잡을 착)
찬	讚(기릴 찬)　贊(찬성할 찬)
찰	察(살필 찰)
참	慚(부끄러울 참)　參(석 삼, 참여할 참)　慘(슬플 참)
창	暢(밝을 창)　唱(부를 창)　創(비롯할 창)　窓(창 창)　倉(창고 창)　昌(창성할 창)　滄(푸른물 창)
	蒼(푸를 창)
채	菜(나물 채)　債(빚 채)　彩(빛날 채)　採(캘 채)
책	策(꾀 책)　責(꾸짖을 책)　冊(책 책)
처	處(곳 처)　悽(슬플 처)　妻(아내 처)
척	戚(겨레 척)　斥(물리칠 척)　尺(자 척)　拓(헤칠 척)
천	川(내 천)　踐(밟을 천)　泉(샘 천)　淺(얕을 천)　遷(옮길 천)　千(일천 천)　賤(천할 천)
	天(하늘 천)
철	哲(밝을 철)　鐵(쇠 철)
첨	添(더할 첨)　尖(뾰족할 첨)

첩	妾(첩 첩)
청	晴(갤 청) 聽(들을 청) 廳(마루 청) 淸(맑을 청) 請(청할 청) 靑(푸를 청)
체	替(갈 체) 體(몸 체)
초	抄(가릴 초) 肖(같을 초) 超(뛰어넘을 초) 招(부를 초) 礎(주초 초) 初(처음 초) 草(풀 초)
촉	觸(닿을 촉) 促(재촉할 촉) 燭(촛불 촉)
촌	寸(마디 촌) 村(마을 촌)
총	聰(귀밝을 총) 總(모두 총) 銃(총 총)
최:	最(가장 최) 催(재촉할 최)
추	秋(가을 추) 追(따를 추) 推(밀 추) 抽(뽑을 추) 醜(추할 추)
축	畜(기를 축) 祝(빌 축) 丑(소 축) 築(쌓을 축) 蓄(쌓을 축) 縮(줄일 축) 逐(쫓을 축)
춘	春(봄 춘)
출	出(날 출)
충	蟲(벌레 충) 充(채울 충) 衝(충돌할 충) 忠(충성 충)
취	就(나아갈 취) 臭(냄새 취) 趣(뜻 취) 吹(불 취) 醉(술취할 취) 측: 側(곁 측) 測(헤아릴 측)
층	層(층계 층)
치	値(값 치) 治(다스릴 치) 置(둘 치) 恥(부끄러울 치) 稚(어릴 치) 齒(이 치) 致(이를 치)
칙	則(법 칙, 곧 즉)
친	親(어버이 친, 가까울 친)
칠	漆(옻칠할 칠) 七(일곱 칠)
침	針(바늘 침) 枕(베개 침) 浸(스밀 침) 寢(잘 침) 侵(침범할 침)
칭	稱(일컬을 칭)
쾌	快(쾌할 쾌)
타	他(다를 타) 墮(떨어질 타) 打(칠 타) 妥(편안할 타)
탁	托(밀칠 탁) 濯(씻을 탁) 琢(쪼을 탁) 濁(흐릴 탁)
탄	炭(숯 탄) 歎(탄식할 탄) 彈(탄알 탄)
탈	脫(벗을 탈) 奪(빼앗을 탈)
탐	探(더듬을 탐) 貪(탐할 탐)
탑	塔(탑 탑)
탕	湯(물끓일 탕)
태	怠(게으를 태) 態(모양 태) 殆(위태로울 태) 太(클 태) 泰(클 태)
택	擇(가릴 택) 澤(못 택) 宅(집 택)

토	討(칠 토)　兎(토끼 토)　吐(토할 토)　土(흙 토)
통	統(거느릴 통)　痛(아플 통)　通(통할 통)
퇴	退(물러날 퇴)
투	投(던질 투)　鬪(싸움 투)　透(통할 투)
특	特(특별 특)
파	破(깨뜨릴 파)　波(물결 파)　派(보낼 파)　播(심을 파)　頗(자못 파)　罷(파할 파)
판	板(널 판)　版(조각 판)　判(판단 판)　販(팔 판)
팔	八(여덟 팔)
패	貝(조개 패)　敗(패할 패)
편	遍(두루 편)　編(엮을 편)　片(조각 편)　篇(책 편)　便(편할 편, 똥 변)
평	平(편안 평, 고를 평)　評(평론할 평)
폐	蔽(가리울 폐)　閉(닫을 폐)　幣(돈 폐)　弊(폐단 폐)　廢(폐할 폐)　肺(허파 폐)
포	浦(물가 포)　胞(배 포)　飽(배부를 포)　布(베 포)　暴(사나울 포　폭)　包(쌀 포)　捕(잡을 포)
	抱(품을 포)
폭	幅(넓이 폭)　爆(터질 폭)
표	表(겉 표)　漂(뜰 표, 바랠 표)　票(표 표)　標(표할 표)
품	品(품성 품)
풍	楓(단풍나무 풍)　風(바람 풍)　豊(풍년 풍)
피	皮(가죽 피)　被(입을 피)　彼(저 피)　疲(피곤할 피)　避(피할 피)
필:	畢(마칠 필)　必(반드시 필)　筆(붓 필)　匹(짝 필)
하	河(물 하)　下(아래 하)　何(어찌 하)　夏(여름 하)　荷(짐 하)　賀(하례 하)
학	學(배울 학)　鶴(학 학)
한	旱(가물 한)　漢(놈 한, 한수 한)　汗(땀 한)　寒(찰 한)　閑(한가할 한)　韓(한나라 한)　限(한정 한)
	恨(한할 한)
할	割(벨 할)
함	咸(다 함)　陷(빠질 함)　含(품을 함)
합	合(합할 합)
항	巷(거리 항)　項(목 항)　航(배 항)　抗(항거 항)　港(항구 항)　恒(항상 항)
해	該(넓을 해)　亥(돼지 해)　海(바다 해)　奚(어찌 해)　解(풀 해)　害(해로울 해)
핵	核(씨 핵)
행	幸(다행 행)

향	享(누릴 향) 鄕(시골 향) 響(울릴 향) 香(향기 향) 向(향할 향)
허	虛(빌 허) 許(허락 허)
헌	軒(마루 헌) 獻(바칠 헌) 憲(법 헌)
험	驗(시험할 험) 險(험할 험)
혁	革(가죽 혁)
현	玄(검을 현) 縣(고을 현) 現(나타난 현) 顯(나타날 현) 懸(달 현) 弦(시위 현) 賢(어질 현)
	絃(줄풍류 현)
혈	穴(굴 혈) 血(피 혈)
협	脅(갈비 협) 協(도울 협) 協(화할 협)
형	兄(맏 형) 形(모양 형) 螢(반딧불 형) 刑(형벌 형) 亨(형통할 형)
혜	兮(어조사 혜) 惠(은혜 혜) 慧(총명할 혜)
호	浩(넓을 호) 胡(되 어찌 호) 虎(범 호) 護(보호할 호) 呼(부를 호) 互(서로 호) 乎(어조사 호)
	戶(외짝문 호) 號(이름 호) 好(좋을 호) 毫(터럭 호) 豪(호걸 호) 湖(호수 호)
혹	惑(의혹할 혹) 或(혹 혹)
혼	魂(넋 혼) 混(섞을 혼) 昏(어두울 혼) 婚(혼인 혼)
홀	忽(깜짝할 홀)
홍	鴻(기러기 홍) 洪(넓을 홍) 紅(붉을 홍) 弘(클 홍)
화	畵(그림 화, 그을 획) 花(꽃 화) 化(될 화) 話(말씀 화) 禾(벼 화) 灬(불 화) 華(빛날 화)
	和(순할 화) 貨(재물 화) 禍(재앙 화) 和(화할 화)
확	穫(곡식거둘 확) 擴(늘일 확) 確(확실할 확)
환	環(고리 환) 患(근심 환) 歡(기쁠 환) 丸(둥글 환) 換(바꿀 환)
활	活(살 활)
황	荒(거칠 황) 黃(누를 황) 皇(임금 황) 況(하물며 황)
회	悔(뉘우칠 회) 回(돌아올 회) 會(모을 회) 灰(재 회) 懷(품을 회)
획	獲(얻을 획)
횡	橫(가로 횡)
효	曉(밝을 효) 孝(효도 효) 效(효험 효)
후	候(기후 후) 厚(두터울 후) 後(뒤 후) 喉(목구멍 후) 侯(벼슬이름 후)
훈	訓(가르칠 훈)
훼	毁(헐 훼)
휘	輝(빛날 휘) 揮(뽐낼 휘)
휴	携(가질 휴) 休(쉴 휴)
흉	胸(가슴 흉) 凶(흉할 흉)

흑	黑(검을 흑)
흡	吸(숨들이쉴 흡)
흥	興(일 흥)
희	喜(기쁠 희)　噫(느낄 희)　稀(드물 희)　希(바랄 희)　熙(빛날 희)　戲(희롱할 희)